华 章 图 书

一本打开的书，一扇开启的门，
通向科学殿堂的阶梯，托起一流人才的基石。

www.hzbook.com

SaaS Strategy
From Novice to Expert

SaaS 攻略
入门、实战与进阶

胡文语 著

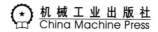
机械工业出版社
China Machine Press

图书在版编目（CIP）数据

SaaS 攻略：入门、实战与进阶 / 胡文语著 . -- 北京：机械工业出版社，2022.1
ISBN 978-7-111-69781-7

I. ① S… II. ①胡… III. ①企业管理 - 应用软件 IV. ① F272.7

中国版本图书馆 CIP 数据核字（2021）第 260179 号

SaaS 攻略：入门、实战与进阶

出版发行：机械工业出版社（北京市西城区百万庄大街 22 号　邮政编码：100037）
责任编辑：韩　蕊
责任校对：殷　虹
印　　刷：北京诚信伟业印刷有限公司
版　　次：2022 年 1 月第 1 版第 1 次印刷
开　　本：147mm×210mm　1/32
印　　张：9.75
书　　号：ISBN 978-7-111-69781-7
定　　价：89.00 元

客服电话：（010）88361066　88379833　68326294　　投稿热线：（010）88379604
华章网站：www.hzbook.com　　读者信箱：hzjsj@hzbook.com

版权所有・侵权必究
封底无防伪标均为盗版　本书法律顾问：北京大成律师事务所　韩光 / 邹晓东

序

当前我们正在经历一场波澜壮阔的数字化变革，也必将很快迎来全面智能化的世界。数智化时代不仅重塑了我们的生活方式，也一定会重新定义我们的工作方式。SaaS 作为一种先进生产力的代表，会改变诸多企业的运营管理模式以及我们的具体工作，甚至推动塑造全新的行业及商业范式。如今的 SaaS 已经不仅是企业 CIO 关注的话题，我们每个人都应该对 SaaS 有所了解，积极参与到这场影响深远的变革和进化当中。

所有成功的 ToB 企业的核心文化都是践行以客户为中心，SaaS 领域也不例外。与面向个人消费者的 ToC 业务不同，SaaS 企业的业务模式要面向两类关键群体——Buyer（购买决策者）和 User（SaaS 产品的使用者），有时两者并不重叠。优秀的 SaaS 公司必须建立基于业务价值的咨询式销售体系，这样能更有效地让 Buyer 信服平台的专业与实力，确保业务可持续健康增长。同等重要的是 SaaS 产品本身，它需要聚焦用户体验并不断提升，以用户为中心打磨产品力才能提升用户黏性，使用户成为产品的品牌大使。坚持两手抓两手都硬的 SaaS 企业一定会成为业界领军者。

本书全面介绍了 SaaS 的基础概念以及 SaaS 产业发展的来龙

去脉，并引入丰富的优秀 SaaS 公司示例帮助读者快速了解 SaaS 企业的方方面面。他山之石可以攻玉，这些优秀的企业拥有许多 SaaS 从业者需要学习和借鉴的地方。胡文语作为业内资深的产品设计专家，从 SaaS 企业业务全链条的角度详细阐述了如何落地"以用户为中心"，进而打造出优秀的产品。从 SaaS 获客、Onboarding 到留存，介绍了完整的方法论，更难能可贵的是把这些关键业务环节当中的执行细节都做了详尽的对标、思考和落地总结。

本书对于 SaaS 企业的经营管理人员以及更广泛的产业互联网从业者都是一本难得的好书。细微之处见真著，希望有更多有志有才之士加入 SaaS 产业，相信也期待在中国诞生一批优秀的世界级 SaaS 企业，助力更美好的数智化世界。祝开卷有益！

赵文杰
安永（中国）企业咨询有限公司业务拓展部总监
前 Salesforce 大中华区销售总监

前言

为什么要写这本书

2015年毕业后,我机缘巧合地踏入了SaaS领域,懵懵懂懂地开始了设计工作。在万众创业的大背景下,互联网ToC领域蓬勃发展,让做ToB业务的我好生羡慕。工作了两年之后,某天我静下心来,想着自己的未来和发展定位——是换赛道做ToC还是继续深耕ToB?想来想去,由于不舍以及基于自己对未来方向的判断,我下定了决心在SaaS领域深耕,做专、做精。

当我开始真正研究SaaS时,发现市面上能够找到的学习资料很少,零零散散地不成系统。出于无奈,也为了督促自己,我开始将自己在工作中的所思、所想、所做发表在公众号"产品D"上。令人高兴的是我的文章受到很多读者的喜欢,这让我坚信分享SaaS相关知识是一件有价值的事情。本书是对我这几年SaaS相关工作的系统梳理和总结,我真诚希望能够帮助更多SaaS领域的朋友,并通过写作这种交流方式与你们共同成长。

读者对象

本书面向企业级(ToB)SaaS领域的相关人员,涵盖产品、设计、运营、客户成功和销售等岗位，CEO 和相关业务负责人，以及对 SaaS 感兴趣的读者。

本书特色

本书特色体现在以下 3 点。
- 内容来自一线实战，能为读者在实际工作中提供思路和方法。
- 系统地梳理和总结 SaaS 有关知识，帮助读者对 SaaS 建立更为全面的认识。
- 提供了大量的案例和图示，方便读者理解和学习。

如何阅读本书

本书主要分为 4 部分。
- 第一部分　SaaS 通识（第 1～4 章）：介绍 SaaS 定义、销售模式、定价和常用指标等通用知识。
- 第二部分　SaaS 获客（第 5～8 章）：介绍客户转化的本质和网站获客框架的组成，以及如何从运营和设计的角度出发，吸引并引导访客注册。
- 第三部分　SaaS Onboarding（第 9～12 章）：介绍 Onboarding 定义及其落地框架和常用范式，以及如何确定用户目标、快速交付产品并推动用户上手使用。
- 第四部分　SaaS 留存（第 13～16 章）：介绍留存的类型、阶段、产品策略和采用模型，以及如何围绕客户成长获取最大客户价值。

此外，在附录部分，我针对 SaaS 的一些常见问题进行了解答，罗列了一些优质资源，梳理了专业术语，旨在帮助读者在 SaaS 领域能够继续深入学习和探索下去。

勘误和支持

本人的工作经验和能力有限,书中难免会出现错漏,恳请读者批评指正。读者可通过公众号"产品 D"与我联系,期待你的反馈和建议。

致谢

本书的出版,仅凭一己之力是无法办到的。

感谢机械工业出版社华章公司杨福川老师和韩蕊老师的支持,谢谢你们为本书出版所付出的时间和精力。

感谢陈添添、李娜、李川娇、吕超君等同事在我写作过程中给予的帮助。

感谢我的读者,你们的支持是我出版本书的最大动力。

目录

序

前言

第一部分　SaaS 通识

第 1 章　全面认识 SaaS　2

1.1　云计算与 SaaS　3
    1.1.1　云计算　3
    1.1.2　云计算的4种部署模式　4
    1.1.3　云计算的3种服务模式　6
    1.1.4　IaaS、PaaS、SaaS之间的区别　6

1.2　从 4 个维度看 SaaS　8
    1.2.1　商业模式：订阅经济　9
    1.2.2　经济效益：规模化和复利　10
    1.2.3　产品策略：开放和灵活　11

1.2.4　社会生产力：先进生产力　　11

1.3　SaaS 简史　　12

　　1.3.1　软件的商业化之路　　12

　　1.3.2　从孕育到诞生　　13

　　1.3.3　ASP以失败告终，SaaS蓬勃发展　　14

　　1.3.4　步入SaaS时代　　15

　　1.3.5　知识扩展　　16

1.4　SaaS 模式的优缺点　　18

　　1.4.1　优点　　18

　　1.4.2　缺点　　19

1.5　SaaS 产品的 2 种划分维度　　21

　　1.5.1　B2B和B2C　　21

　　1.5.2　通用型和垂直型　　22

1.6　本章小结　　23

第 2 章　SaaS 销售模式　　24

2.1　决定 SaaS 销售模式的 2 个因素　　24

2.2　SaaS 的 3 种销售模式　　26

　　2.2.1　无接触模式　　26

　　2.2.2　低接触模式　　27

　　2.2.3　高接触模式　　30

2.3　销售模式对产品设计的影响　　32

　　2.3.1　产品主导权方面的影响　　32

　　2.3.2　自动化和自助化方面的影响　　33

　　2.3.3　用户体验方面的影响　　33

2.4　本章小结　　　　　　　　　　　　　34

第 3 章　SaaS 定价的 7 种模式　　　　　35

3.1　统一定价模式　　　　　　　　　　36
3.2　按用户数量定价模式　　　　　　　37
3.3　按用量定价模式　　　　　　　　　39
3.4　按功能定价模式　　　　　　　　　41
3.5　混合定价模式　　　　　　　　　　42
3.6　免费增值定价模式　　　　　　　　46
3.7　定制报价模式　　　　　　　　　　46
3.8　本章小结　　　　　　　　　　　　47

第 4 章　SaaS 的常用数据指标　　　　　48

4.1　关注 SaaS 数据指标的 3 个原因　　48
　　4.1.1　SaaS 模式的特殊性　　　　　49
　　4.1.2　数据驱动，获取业务洞察力　49
　　4.1.3　衡量商业成功　　　　　　　50
4.2　SaaS 常见的 5 类核心指标　　　　 50
　　4.2.1　经常性收入　　　　　　　　50
　　4.2.2　客户终生价值　　　　　　　53
　　4.2.3　获客成本　　　　　　　　　55
　　4.2.4　平均客户收入　　　　　　　59
　　4.2.5　流失　　　　　　　　　　　61
4.3　本章小结　　　　　　　　　　　　66

第二部分　SaaS 获客

第 5 章　SaaS 产品的转化本质　　68

5.1　逆向工程与 SaaS 获客　　68
5.2　确定最佳客户　　69
　　5.2.1　最佳客户的价值　　69
　　5.2.2　寻找最佳客户　　69
5.3　客户订阅的原因　　71
　　5.3.1　客户面临的问题　　71
　　5.3.2　客户问题带来的糟糕影响　　72
5.4　客户注册前的纠结　　73
5.5　客户描述的语言　　75
5.6　本章小结　　77

第 6 章　SaaS 网站获客框架的 5 个模块　　78

6.1　第一印象　　79
　　6.1.1　标题　　80
　　6.1.2　副标题　　82
　　6.1.3　CTA　　84
　　6.1.4　图片或视频　　86
　　6.1.5　最初社会认同　　88
6.2　讲故事　　91
　　6.2.1　客户面临的问题　　91
　　6.2.2　问题带来的糟糕影响　　93

		6.2.3	呈现最佳解决方案	94
		6.2.4	最佳解决方案是怎么运行的	97
		6.2.5	最佳解决方案实现的效果	98
	6.3	更多筹码		101
		6.3.1	业务集成能力	101
		6.3.2	更多功能	102
		6.3.3	数据安全性	103
		6.3.4	更好的客户服务	104
		6.3.5	丰富的行业经验	107
		6.3.6	同行交流社区	107
		6.3.7	极低的迁移成本	108
	6.4	社会认同		109
		6.4.1	客户	110
		6.4.2	第三方	112
		6.4.3	统计数据	114
		6.4.4	合作方	116
	6.5	触发器		116
		6.5.1	免费试用	118
		6.5.2	资料下载	119
		6.5.3	在线咨询	121
		6.5.4	限时优惠	121
		6.5.5	预览	122
	6.6	本章小结		123

第 7 章 SaaS 网站设计的 5 个方面   124

    7.1 网站性能   124

7.2	SEO	126
7.3	用户行为	128
7.4	A/B 测试	130
7.5	访问数据	131
7.6	本章小结	132

第 8 章 SaaS 网站设计的误区　133

8.1	迷信大公司的官网	134
8.2	仅以注册量评判网站获客能力	134
8.3	小流量也做 A/B 测试	135
8.4	迷恋小改动大回报	135
8.5	追赶设计趋势而忘记获客的本质	136
8.6	本章小结	137

第三部分　SaaS Onboarding

第 9 章 正确认识 SaaS Onboarding　140

9.1	Onboarding 的背景	140
9.2	SaaS Onboarding 的定义	141
	9.2.1　持续交付与新手引导	141
	9.2.2　价值交付与功能介绍	142
9.3	Onboarding 的 4 个好处	143
9.4	Onboarding 的 2 个阶段和 4 个部分	146
9.5	Onboarding 的 4 个趋势	147
	9.5.1　应用内 Onboarding	147

9.5.2　自动化 Onboarding　　　　　　149

9.5.3　自助化 Onboarding　　　　　　149

9.5.4　个性化 Onboarding　　　　　　150

9.6　本章小结　　　　　　152

第 10 章　SaaS Onboarding 的落地框架　　　　　　153

10.1　Onboarding 落地框架的 3 个部分　　　　　　153

10.2　确定客户目标　　　　　　155

10.3　设定里程碑　　　　　　157

10.4　规划最短路径　　　　　　160

10.4.1　绘制路径　　　　　　160

10.4.2　标记检查　　　　　　162

10.4.3　简化旅程　　　　　　162

10.5　持续渐进　　　　　　163

10.6　本章小结　　　　　　164

第 11 章　SaaS Onboarding 的 2 个工具范式　　　　　　165

11.1　UI 设计模式　　　　　　165

11.1.1　弹框　　　　　　166

11.1.2　导览　　　　　　168

11.1.3　清单　　　　　　170

11.1.4　进度条　　　　　　172

11.1.5　热点　　　　　　173

11.1.6　空状态　　　　　　175

11.2　内嵌教育指导　　　　　　178

11.2.1　微学习　　　　　　　　　　　　178
　　　11.2.2　当下教学　　　　　　　　　　　　180
　　　11.2.3　帮助和学习中心　　　　　　　　　182
　　　11.2.4　场景触发指导　　　　　　　　　　183
　　　11.2.5　模板化　　　　　　　　　　　　　185
　　　11.2.6　边做边学　　　　　　　　　　　　187
　11.3　本章小结　　　　　　　　　　　　　　　189

第 12 章　促使用户行动的 3 个因素　　　　190

　12.1　行为模型　　　　　　　　　　　　　　　190
　12.2　增加动机　　　　　　　　　　　　　　　191
　　　12.2.1　履行承诺价值　　　　　　　　　　192
　　　12.2.2　给予所需　　　　　　　　　　　　192
　　　12.2.3　明确行动的价值　　　　　　　　　194
　　　12.2.4　从一定比例开始　　　　　　　　　195
　　　12.2.5　呈现进度　　　　　　　　　　　　196
　　　12.2.6　庆祝胜利　　　　　　　　　　　　196
　　　12.2.7　提供奖励　　　　　　　　　　　　198
　12.3　提升能力或降低使用难度　　　　　　　　199
　　　12.3.1　指导和教育　　　　　　　　　　　199
　　　12.3.2　降低认知负荷　　　　　　　　　　200
　　　12.3.3　渐进式披露　　　　　　　　　　　201
　　　12.3.4　智能默认值　　　　　　　　　　　202
　　　12.3.5　提供模板　　　　　　　　　　　　202
　　　12.3.6　消除模糊　　　　　　　　　　　　203

　　　　12.3.7　轻推　　　　　　　　　　　　　204
　　12.4　有效触发　　　　　　　　　　　　　　205
　　　　12.4.1　行为触发　　　　　　　　　　　205
　　　　12.4.2　场景触发　　　　　　　　　　　206
　　12.5　本章小结　　　　　　　　　　　　　　207

第四部分　SaaS 留存

|第 13 章|　全面认识 SaaS 留存　　　　　　　210
　　13.1　什么是留存　　　　　　　　　　　　　210
　　13.2　2 种留存曲线　　　　　　　　　　　　211
　　13.3　留存的 3 个阶段和相应措施　　　　　　212
　　　　13.3.1　初期留存　　　　　　　　　　　213
　　　　13.3.2　中期留存　　　　　　　　　　　214
　　　　13.3.3　长期留存　　　　　　　　　　　215
　　13.4　影响留存的 2 种因素　　　　　　　　　217
　　13.5　2 类可改善的留存因素　　　　　　　　218
　　　　13.5.1　主动留存因素　　　　　　　　　218
　　　　13.5.2　被动留存因素　　　　　　　　　220
　　13.6　本章小结　　　　　　　　　　　　　　221

|第 14 章|　重视留存的 6 个原因　　　　　　　222
　　14.1　订阅特性　　　　　　　　　　　　　　223
　　14.2　留存即增长　　　　　　　　　　　　　226
　　14.3　市场竞争激烈　　　　　　　　　　　　227

14.4 投资回报率高 230

14.5 客户更换成本降低 231

14.6 融资和市场估值 231

14.7 本章小结 233

第15章 留存的4个产品策略 234

15.1 用得值：围绕核心价值持续打造产品 234

15.1.1 明确价值主张 234

15.1.2 持续更新和优化 236

15.1.3 定期报告产品价值 237

15.1.4 主动寻求反馈 238

15.2 用得顺：完善且良好的使用体验 240

15.2.1 以客户目标为导向的旅程 240

15.2.2 良好的产品体验 242

15.2.3 及时的服务和支持 244

15.2.4 应用内指南 245

15.3 用得深：不断深入学习和运用 247

15.3.1 持续的教育 247

15.3.2 引导和激励参与 249

15.3.3 集成服务 252

15.3.4 向上销售 252

15.4 用得广：更多产品方案和参与角色 254

15.4.1 交叉销售 255

15.4.2 邀请同事加入 258

15.5 本章小结 259

| 第 16 章 | 采用模型和阶梯　　　　　　　　　　　260

　　16.1　采用的意义　　　　　　　　260

　　16.2　采用模型　　　　　　　　　261

　　16.3　采用阶梯　　　　　　　　　264

　　16.4　本章小结　　　　　　　　　267

附录

| 附录 A | SaaS 问答　　　　　　　　　　　　　268

| 附录 B | 企业级 SaaS 资源库　　　　　　　　279

| 附录 C | SaaS 常用术语　　　　　　　　　　　289

第一部分

SaaS 通识

> 智慧从定义术语开始。
>
> ——苏格拉底

清晰地定义和了解某一个概念，能够帮助我们更加准确地看待、理解和思考该概念，这也是我们讨论 SaaS 的意义所在。当今人类使用的所有术语或概念都是高度聚合的信息体，我们需要条分缕析地拆解一个事物，才能清晰地认识它，进而心里有数地从事相关领域的工作。

SaaS（Software as a Service，软件即服务）字面意思很简单，背后涵盖了大量的知识。

第一部分详细解析 SaaS 相关的知识，帮助读者更加全面地认识和了解 SaaS。

第 1 章　CHAPTER

全面认识 SaaS

记得有一次参加产品经理的聚会，活动结束后大家一起吃饭，席间交流时问问彼此所从事的领域。我清晰地记得下面的对话。

A：你是做哪一块的？

B：我是做 SaaS 的。

A：什么是 SaaS？

B：SaaS 就是软件即服务。

A：哦！那什么是软件即服务呢？

B：软件就是服务呗。

这个话题就这样结束了。对于当时刚从事 SaaS 的我来说，并没有从这段对话中理解 SaaS 到底是什么或者说软件即服务具体指什么。

本章将具体介绍 SaaS，包括它和云计算的关系是什么、软件即服务到底是什么、它的发展历史带给了我们哪些思考,以及如何理性地看待和划分 SaaS。

1.1 云计算与 SaaS

在了解 SaaS 的过程中,我们也会经常听到云计算的概念,甚至也有人说 SaaS 就是云计算。那么云计算是什么?它和 SaaS 是怎样的关系呢?

1.1.1 云计算

云计算是我们在了解 SaaS 之前必须要理解的概念。

云计算通过互联网提供计算服务,包括服务器、存储、数据库、网络、应用等,采用按需付费的定价模式。这意味着,企业或个人可以通过网络访问服务器上运行的软件和数据库,无须在自己的物理服务器或计算机上运行应用程序。

假设有一家公司需要建立信息系统来支撑业务发展,以前可能会先自建机房、买服务器、搭系统,然后开发应用。通常来说这需要较长的周期。现在,该公司可以采用云计算的方式,向云服务提供商租用服务,然后连接网络使用并按需付费即可,如图 1-1 所示。

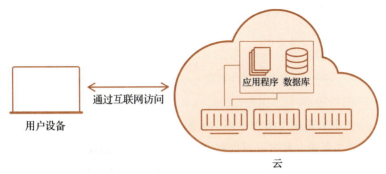

图 1-1 通过互联网访问云服务

实际上,云计算早已应用于我们生活的方方面面。例如,工作计划和项目复盘使用腾讯文档(在线文档知识库)在线编辑,后期不管是在哪部手机或哪台电脑上登录,都可以获取账号内的所有内容。

1.1.2　云计算的 4 种部署模式

云计算的部署模式主要分为 4 种:公有云、私有云、混合云、社区云。

1. 公有云

公有云由云服务提供商拥有和管理,通过互联网向企业或个人提供计算资源,如图 1-2 所示。这就好比城市的水电,居民共享,每家每户各取所需,按使用量付费。

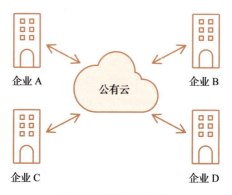

图 1-2　公有云示意图

2. 私有云

私有云是单个组织专用的云服务,无须与其他组织共享资源,如图 1-3 所示。私有云可以在内部管理,也可以由第三方云服务提供商托管。公有云与私有云的区别,就好比自家的洗衣机(私有)

和干洗店（对公）的区别。

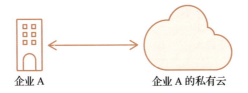

图 1-3　私有云示意图

3. 混合云

顾名思义，混合云即同时使用公有云和私有云，公司可以将敏感数据保留在私有云中（安全），同时使用公有云来运行应用程序（成本低，可扩展），如图 1-4 所示。这就好比某些企业将设计研发放在国内（人才多），产品生产放在东南亚（人力成本低）一样。

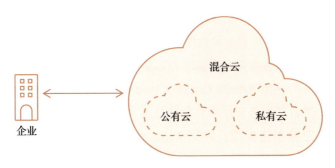

图 1-4　混合云示意图

4. 社区云

社区云是特定组织或行业共享使用的云计算服务方案。例如，医疗行业通过组建社区云，共享病例和研究数据，实现档案一体化，如图 1-5 所示。

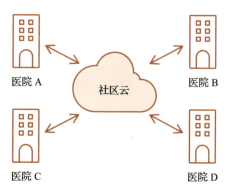

图 1-5　社区云示意图

1.1.3　云计算的 3 种服务模式

云计算的服务模式主要分为 3 种——基础设施即服务（Infrastructure as a Service，IaaS）、平台即服务（Platform as a Service，PaaS）、软件即服务（Software as a Service，SaaS）。

- 基础设施即服务提供按需付费的计算资源，包括服务器、网络、磁盘存储和数据中心等基础设施，例如 Amazon AWS、Microsoft Azure、Google Cloud、阿里云、IBM Cloud 等。
- 平台即服务提供硬件和软件工具，使开发人员可以轻松快速地创建应用，例如 Windows Azure、AWS Elastic Beanstalk、Google App Engine、Force.com、OpenShift、Heroku、Apache Stratos 等。
- 软件即服务是基于云的应用，被授权的企业或个人通过网络访问使用，例如百度网盘（个人级 SaaS）、钉钉（企业级 SaaS）等。

1.1.4　IaaS、PaaS、SaaS 之间的区别

我们举个盖房子的例子。有三位父亲——IaaS、PaaS 和 SaaS，

分别对自己的儿子说出以下一番话。

IaaS：盖房子的地给你了，你自己买材料，找人盖。

PaaS：盖房子的地给你了，砖、瓦、水泥、沙子也都齐全了，你自己找人盖。

SaaS：房子给你租好，你直接搬进去住。

如图 1-6 所示。

图 1-6　IaaS、PaaS 和 SaaS 的区别

对应到软件开发，它们之间的区别如图 1-7 所示。

内部部署	云服务模式		
On-Premises	IaaS	PaaS	SaaS
应用	应用	应用	应用
数据	数据	数据	数据
内存管理	内存管理	内存管理	内存管理
中间件	中间件	中间件	中间件
操作系统	操作系统	操作系统	操作系统
虚拟化	虚拟化	虚拟化	虚拟化
服务器	服务器	服务器	服务器
存储	存储	存储	存储
网络	网络	网络	网络

* 深色区域为云服务提供商管理，浅色区域为自己管理

图 1-7　IaaS、PaaS、SaaS 的区别

简单地说，我们可以将 IaaS 视为构建应用程序的基础设施，将 PaaS 视为开发人员构建应用程序的平台，将 SaaS 视为可以直接订阅使用的软件产品。可以说，每种云服务模式都是一定程度上的资源抽象，再以服务的形式提供给企业、组织或个人。企业、组织和个人也可以根据自身的情况，采用不同的云服务。不管怎样，云服务都在不同程度上简化了开发工作，使得企业、组织和个人可以更加专注于自身的业务和商业发展。

1.2 从 4 个维度看 SaaS

1.1 节提到，SaaS 是基于云的应用，授予企业、组织或个人，并通过网络访问使用。本节将从 4 个维度对 SaaS 进行详细阐述，帮助读者更加深入地认识和了解 SaaS。

记得在 10 年前我开始学习设计的时候，使用 Photoshop（2013 年以前的版本）需要注意以下内容。

- 下载软件，本地安装。
- 按版本购买，获取软件序列号。
- 每次更新，需要下载新的版本替换旧的版本。
- 设计文件保留在本地电脑上，通过 U 盘才能携带，无法实现团队协作。

如今，我们使用软件的方式与以往不同，以基于 Web 的在线图形设计软件 Figma 为例，其特点如下。

- 通过浏览器访问使用，无须下载。
- 按月付费，可随时取消订阅。
- 无须更新，每次登录都是最新版本。
- 设计文件通过云存储，登录任何一台联网的电脑均可访问。

在传统模式中，厂商将软件制作成实物商品销售给客户，经历了从软盘到光盘再到软件许可证的过程，如图 1-8 所示。在 SaaS 模式中，软件则是通过网络进行交付的，并采用订阅模式收费。

图 1-8　传统软件交付方式的发展

为了让读者对 SaaS 有更深入的理解，本节从以下 4 个维度进行阐述。

- 商业模式：订阅经济。
- 经济效益：规模化和复利。
- 产品策略：开放和灵活。
- 社会生产力：先进生产力。

1.2.1　商业模式：订阅经济

SaaS 从本质上说，是一种软件交付和销售方式，即订阅许可。这样的商业模式决定了 SaaS 在销售达成时，并不产生所有的收益，而是通过后期客户的持续使用来不断产生收入，即 SaaS 将一次性买卖变成了分期租赁，或者订阅。

从买断到订阅，如果客户不使用，没有获取产品价值，那么他们继续订阅的可能性就很低。为了保持该商业模式的可持续性，我们除了需要提供软件自身的功能，还需要有教育、支持等配套服务，帮助客户成功使用并获得业务上的成功。这也使得原来的软件业务转变成了现在的服务业务，即 SaaS，如图 1-9 所示。

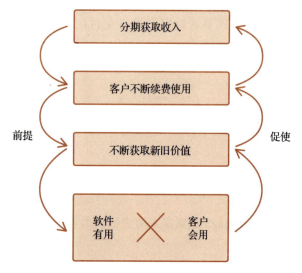

图 1-9　SaaS 商业模式

1.2.2　经济效益：规模化和复利

SaaS 采取订阅付费（按月/年）模式，在良好留存的情况下，当月/年的收入就是下个月/年的基础，从而能够不断累加收入（复合累积收益），形成良好的现金流。SaaS 产品的收入具有可持续、可预测的特点，这使得企业可以根据现金流进行规划，甚至通过融资提前获取未来收入，然后进行产品的增长和扩张。

对于订阅者而言，无须购买硬件和中间件（前期成本），或是投入实施、维护、更新和管理的费用（后期持续投入成本），只需要连接网络即可使用，决策成本和投入成本都得到了大幅降低。此外，后期也可根据业务的发展，升级套餐或增加数量（例如使用的坐席人数）。这些优势都促使了 SaaS 软件更容易拥有大量客户并形成规模。

1.2.3　产品策略：开放和灵活

SaaS 会针对不同组织的诉求，提供多种套餐方案。在付款前，用户可以免费试用，以判断是否满足自身需求。

SaaS 通常也会开放多种接口（API），可与其他软件进行集成，来更好地满足用户的业务需求。同时，SaaS 厂商也会主动对接市场上与自身产品业务相关的软件，从而向用户提供更加完善的解决方案。当然，这一做法也是为了帮助销售人员更好地促成订单。

例如在线客服系统 53KF，在售前咨询时可以对接百度、腾讯、头条、360、神马等渠道，帮助企业更好地进行线索转化和投入产出比分析。在售后服务时可以对接自有或第三方 CRM、工单和会员系统，以提供更加流畅的服务。

1.2.4　社会生产力：先进生产力

SaaS 产品的发展，其实是一个不断验证市场需求、优胜劣汰的过程，其商业上取得的成功也代表着某种先进生产力（工具、流程或方法）的有效性。毕竟，当某类 SaaS 产品有市场价值时，会不断有后来者涌入，从而加剧市场的竞争。这也倒逼厂商在其领域进一步专业化，进而提供更加有效的解决方案。

考虑长久收益，SaaS 卖的不只是工具，更是解决方案，通过融入生产制造，提供最佳实践的支持与服务，帮助客户获得业务成功，进而实现自身的成功，完成良性闭环。当然，这对于 SaaS 厂商而言，也是更有价值、更具竞争力、更长久的经营方式。

SaaS 也是一种众包模式。厂商觉得市场有大量的同类需求且需求长期存在，于是开发产品，进行市场运作。从某种程度上讲，这也会节省同类需求的社会资源的投入。

即时通信软件 Slack 就是一款非常成功的 SaaS 产品。Slack 为用户提供了一个统一的信息共享和交流空间，将邮件、聊天、通知等工作流程都整合到了一起。

1.3　SaaS 简史

至此，我们已经对 SaaS 有了一个相对完整的认识。本节简单介绍 SaaS 的起源和主要发展过程。SaaS 的历史依附于整个企业软件的发展史。同时，软件应用的出现和商业化，可以说又依附于计算机的发展。我们从 20 世纪 60 年代讲起。

1.3.1　软件的商业化之路

1. 绑定服务

在 20 世纪 60 年代，采用集成电路制造的第 3 代计算机诞生。新一代计算机的体积更小并能集成更多的能力，价格也大幅降低。

在软件方面，出现了分时操作系统，允许用户通过哑终端（类似今天的屏幕和键盘）与计算机（处理器，类似今天的计算机主机）进行连接，完成输入、输出和交互。这样就使得大多数组织和企业可以在不实际拥有的情况下，经济高效地使用计算机。

据相关统计，1964 年～1969 年，美国、加拿大和欧洲地区约有 150 家提供分时服务的公司。当时，会计、薪资和 CRM 软件都是分时服务交付的关键产品，不过此时的软件还只是与硬件绑定的服务。

2. 独立商品

在此期间，IBM 借助其捆绑服务（买硬件送软件）的优势，占据了大量的市场份额，引起美国政府的注意和竞争对手的投诉。于是 IBM 于 1969 年决定将其软件和服务从硬件销售中剥离开。一夜之间，软件从曾经的赠品变成了具有单独价格的商业产品。这对软件的商业化之路而言，可谓迈出了历史性的一步。

1.3.2 从孕育到诞生

1. 个人计算机改变了企业

随着技术的不断发展，计算机的体积大幅减小，个人计算机诞生了。

1977 年，Commodore PET、Apple II 和 TRS-80 等个人计算机接连亮相，计算机从企业市场开始进入家庭和个人的生活。

随后，IBM、Burroughs 和 Honeywell 等大型机供应商开始进入 PC（个人计算机）市场。IBM 在 1981 年推出个人计算机 model 5150，利用其多年在企业市场的成功快速在个人计算机市场立稳。

各公司开始为员工配备具有独立硬盘驱动器的计算机。这些计算机可以安装本地应用程序，人们对分时服务的需求就逐渐消失了。同时，主从式架构和局域网的发展，使得企业可在内部集中存放和管理关键应用程序和数据库，员工利用局域网即可访问使用。

2. 互联网技术提供支持

到了 20 世纪 90 年代后期，互联网热潮出现，网络技术得到广泛的应用，通过互联网访问应用和数据成为可能。在 2000 年前后，虚拟化技术逐渐发展成熟，为云计算的出现奠定了基础。

3. 传统软件所给予的市场机会

此时的软件厂商采取软件许可证的方式销售软件。客户除了要支付软件本身的费用，还要支付培训、维护、技术支持以及更新升级的费用。马克·贝尼奥夫在《云攻略》一书中谈到，在 20 世纪 90 年代，200 个人使用一款低端产品在第一年内就需要花费 180 万美元。如此高昂的价格为 SaaS 模式的出现提供了市场机会。

4. SaaS 厂商出现

20 世纪 90 年代后期，SaaS 崭露头角。NetSuite 成立于 1998 年，提供网络托管的会计软件。Salesforce 成立于 1999 年，提供客户关系管理（CRM）的 SaaS 服务。Intacct 成立于 1999 年，提供基于云的会计应用程序。

1.3.3 ASP 以失败告终，SaaS 蓬勃发展

在 SaaS 发展的同时期也诞生了 ASP（应用程序服务商）。ASP 通常被认为是 SaaS 的前身，两者有如下相似之处。

- ❑ 软件存放于服务提供商手里。
- ❑ 服务商提供维护。
- ❑ 通过网络交付。

ASP 和 SaaS 有着本质上的不同，主要体现在以下 3 点。

1. 托管第三方与管理自己的软件

ASP 服务商着重于管理和托管第三方软件（传统供应商提供的具有主从式架构的软件），企业通过远程访问服务器的工具来使用产品。而 SaaS 服务商则管理自己开发的软件，并进行维护和升级，企业只须订阅，通过网络访问使用即可。

2. 单租户与多租户

ASP 采用单租户模式，对于每个企业客户都需要维护单独的应用程序。而 SaaS 则采用多租户模式，其应用程序为多个企业客户提供服务，如图 1-10 所示。

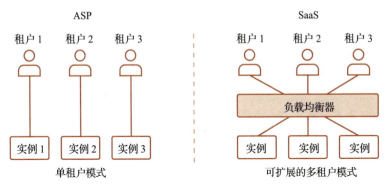

图 1-10　ASP 与 SaaS 的对比

3. 非可伸缩性与可伸缩性

ASP 需要手动设置服务器和应用程序，且无法实现可伸缩性。而 SaaS 则充分利用了虚拟化技术和云的伸缩性，一切设置都可以通过自主服务完成。

最终 ASP 以失败退场，而 SaaS 模式继续蓬勃发展。这也从另一个层面反映出了软件服务的未来，即朝着可扩展的云计算方向不断发展。

1.3.4　步入 SaaS 时代

1. Salesforce

提到 SaaS 的历史，不能不提 Salesforce。起初 Salesforce 提供客户关系管理的软件服务，现转为提供销售云、服务支持云、社区云等综合服务。

Salesforce 在 1999 年创立时就秉持 SaaS 的理念。创始人贝尼奥夫当时已意识到了企业软件的问题，并预测互联网的发展将引起商业领域变革。他认为商业软件将朝着新的方向发展，像亚马逊一样方便且易于使用，不需要复杂的安装、维护以及麻烦的更新，软件将成为一种服务，按人头和使用时间来付费，连接网络便可使用，即我们今天所说的 SaaS 模式。

2004 年 Salesforce 成功上市，如今市值 1800 亿美元，是目前最有价值的云计算公司之一。

2. Concur

再说一说在线报销、差旅费用管理应用 Concur，它被称为第一家 SaaS 公司。与 Salesforce 不同，Concur 在 1993 年创立时，并没有从一开始就采用 SaaS 模式。Concur 起初通过计算机软件商店售卖付费软件软盘和光盘，随后改变业务模式，直接向企业销售软件许可证。通过这种经营模式，该公司在 1998 年上市。不久后就经历了 2001 年的互联网泡沫，公司市值从首次公开募股后的 10 亿美元跌至 800 万美元。公司陷入困境后，Concur 再次改变业务模式，采用 SaaS 模式，通过互联网出售软件服务。

在 2014 年，该公司的年收入超过 6 亿美元，并以 83 亿美元的价格出售给了 SAP，创造了当年规模最大的 SaaS 收购案。

Salesforce 和 Concur 的商业奇迹，也证明了 SaaS 业务模式的成功。

回顾 SaaS 的发展历程可以看出，SaaS 的出现和发展可谓计算机发展、互联网技术和市场需求共同孕育的结果。

1.3.5　知识扩展

1. 计算机发展的 4 个时期

- ❑ 20 世纪 40 年代中～20 世纪 50 年代末，计算机硬件采用电子管元器件设计，体积庞大，运行速度也很慢，主要用于数值计算。

- 20 世纪 50 年代末～20 世纪 60 年代中，计算机进入晶体管时代，运行速度和可靠性都有了明显的提高。大型机诞生，并开始进入实际应用领域。
- 20 世纪 60 年代中～20 世纪 70 年代初，计算机进入集成电路时代，系统体积明显减小，系统性能进一步提高，价格逐渐降低。此时，大型机开始进入商业领域，小型机也逐渐崛起。
- 20 世纪 70 年代初至今，计算机进入大规模集成电路时代，计算机性能迅速提高，价格不断下降。尤其是 20 世纪 80 年代以来，超大规模集成电路使得计算机的体积大幅缩小，价格大幅下降，而性能和可靠性不断增强。这些因素导致个人计算机飞速发展和普及，同时计算机网络也兴起和迅速普及。

2. 分时

分时是指允许多个用户共享使用同一台计算机的资源，即在一台计算机上连接几台甚至几十台终端机。终端机可以没有自己的 CPU 与内存，只有键盘与显示器，每个用户通过各自的终端机使用这台计算机的资源，计算机按固定的时间轮流为各个终端服务。由于计算机的处理速度很快，用户感觉不到等待时间，就像这台计算机专为自己服务一样。

3. 哑终端

哑终端是指只能输入、输出和显示字符的终端，即字符终端，它仅能处理有限数量的显示命令，因为没有处理器或硬盘，所以无法运行任何程序。哑终端可以将用户的输入发送到计算机上，先由计算机运行程序，然后再将结果发送到终端进行显示。在计算机成本较高的年代，用户可以通过廉价的哑终端让内部更多人访问并使用数量有限的计算机。

1.4 SaaS 模式的优缺点

事物总是拥有多面性，SaaS 也不例外，有优点也有不足。理性看待 SaaS 的优缺点能够帮助我们扬长避短，也有利于树立相关意识，做好预备措施，防患未然。

1.4.1 优点

1. 对客户而言

- **免费试用**：可以在付款前免费试用，对比后选择最合适的。
- **易于访问**：SaaS 通过网络提供服务，用户可随时访问，且数据存储在云端，能实时同步。
- **立即使用**：无须安装和部署，连接网络即可使用。在大多数情况下，可能只需名称和联系方式即可注册并访问产品功能。虽然 SaaS 软件不需要安装，但有些厂商也提供桌面应用程序供选择，例如钉钉、腾讯文档等应用。
- **费用便宜**：使用订阅模式，订阅者无须一次性支付大量费用，降低了前期购置成本。
- **支付灵活**：按月 / 年进行支付，此外，订阅者可根据业务发展调整所订套餐，甚至随时停止使用。
- **良好支持**：因为服务质量的好坏决定了客户是否订阅，所以 SaaS 厂商会提供更加友好、高质量的客户服务。
- **无须维护**：SaaS 运行在厂商的服务器上，由厂商统一维护、更新。
- **开放集成**：接口开放，可以与其他产品进行数据打通，能更好地满足业务需求。

2. 对厂商而言

- **杜绝盗版**：SaaS 运行在云上，通过网络授权判断，杜绝软件本地破解。软件厂商获取收入，从而提供更好的产品和服务，形成良性循环。
- **降低销售难度**：按坐席、按月等收费方式降低了客户的一次性投入成本，缓解了客户预算压力，进而降低了销售难度。
- **经常性收入**：可预测的经常性收入便于对生产经营的财务风险进行控制。
- **更简单的免费试用**：无须本地软件安装、配置和实施，可以立即为客户提供服务，可提供 7 天、14 天甚至更久的免费试用期。
- **不断改进**：客户通过浏览器使用服务，无须安装，可以直接更新产品。这有助于厂商不断优化产品，以此增加留存率并吸引新客户。
- **产品所有者**：SaaS 厂商是产品的所有者，可自主控制产品，拥有产品发展的决定权。

1.4.2 缺点

1. 数据安全

所有数据存储在云端和软件厂商的服务器上，可能会引发泄露等安全问题。SaaS 软件厂商通常非常注重数据的安全性，因为数据泄露对于 SaaS 厂商而言是致命打击。有些 SaaS 厂商也提供混合云服务，将敏感数据存储在客户自己的服务器上。

2. 网络连接

没有网络将无法使用 SaaS 产品。同时，网速严重影响 SaaS

软件的运行速度。

3. 服务中断

如果是软件厂商的硬件出现故障、受到网络攻击等造成的服务中断，产品就无法使用了。为了降低影响，SaaS 厂商通常采用以下手段。

- ❏ 多分组：把不同客户放在不同的服务器上，就像把鸡蛋放在多个篮子里，从而缩小风险的波及面。
- ❏ 备用服务器：就像汽车的备胎，可特殊情况下临时使用，令系统快速恢复正常。
- ❏ 备份数据：避免机器损坏后造成数据丢失。

4. 性能问题

与 SaaS 软件相比，传统本地部署或者客户端软件性能会更好。现在有些 SaaS 厂商也同时提供桌面版本，既方便在桌面上随时打开，符合常规使用习惯，又能与系统底层进行交互，以提供更好的服务。

5. 最小控制

SaaS 软件由软件提供商拥有，并具有绝对控制权。客户不能完全控制产品的更新内容和发展方向，仅拥有反馈建议和提交需求的权利。

6. 长期成本

虽然按需付费看起来很划算，使客户避免一次性付出大量金钱，并降低风险，但是长期使用或者用量（例如使用人数）很大的话，可能并不划算。

当然，也有很多 SaaS 厂商会推出各种套餐，根据人数、功能或使用量进行版本划分，来调节不同体量的客户在费用上的支出。

1.5　SaaS 产品的 2 种划分维度

SaaS 产品的划分有多种方式，通常可归纳为 2 种维度，如图 1-11 所示。

- 从对象层面：B2B（企业级）和 B2C（个人消费者）。
- 从业务层面：通用型（业务垂直型）和垂直型（行业垂直型）。

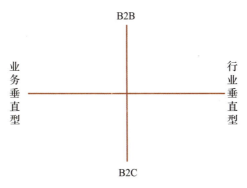

图 1-11　SaaS 产品的划分维度

1.5.1　B2B 和 B2C

从 SaaS 的定义而言，基于云端的软件服务都可以称作 SaaS 服务，有面向个人消费者的，也有面向企业客户的。在生活中，面向个人的 SaaS 产品通常有云盘（百度云盘）、在线文档（石墨文档）、图片编辑（泼辣修图）、邮箱（网易邮箱）、视音频（Netflix、Spotify）等服务。

通常意义上我们提到的 SaaS 更多是指 ToB 的 SaaS 服务，即面向企业或组织的，例如钉钉、Teambition、销售易等企业应用。

当然，有些产品既支持个人用户也支持企业用户，例如石墨文档、Dropbox 等。

1.5.2 通用型和垂直型

通用型 SaaS 又称为业务垂直型 SaaS，适用于多行业，为某一业务提供更加专业的解决方案。例如 CRM（客户关系管理）、客服系统、呼叫中心、IM（即时通信）、ERP（企业资源计划）、HRM（人力资源管理）、财税管理、OA（办公自动化）、电子签名、SCM（供应链管理）、云盘存储等。

垂直型 SaaS 又称为行业垂直型 SaaS，适用于特定行业，提供更有针对性、更贴近业务的软件服务，例如零售电商、医疗、物流、餐饮、房地产、教育等。

为便于记忆，我们可以将通用型 SaaS 和垂直型 SaaS 表示在坐标轴里，如图 1-12 所示。

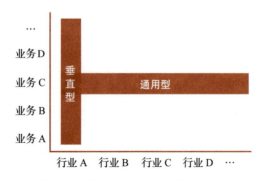

图 1-12　垂直型 SaaS 和通用型 SaaS

通用型 SaaS 由于不区分行业，因此具有更加广阔的市场空间。广阔的市场空间也支撑了更多 SaaS 厂商的生存和发展。当然，这也导致了市场的激烈竞争。垂直型 SaaS 聚焦于某一行业，为其提供更有针对性的解决方案。相对于通用型 SaaS，垂直型 SaaS 的客户更加聚焦，市场也更容易推广。同时，因为需要深入行业本身，所以垂直型 SaaS 也是绕开互联网巨头的最佳选择。从战略的角度考虑，巨头也更加偏向于平台型和入口型的广阔市场。

随着服务不断细分，在 SaaS 业务中，我们看到越来越多基于通用业务 + 行业化的发展方向。例如，同是项目管理软件，Asana 是通用型 SaaS，而 Productboard 更偏向于垂直型，专注于产品经理的项目管理，如图 1-13 所示。

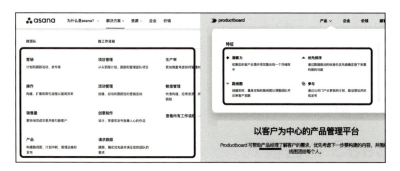

图 1-13　Asana 的通用型项目管理与 Productboard 的垂直型项目管理

1.6　本章小结

本章首先从商业模式、经济效益、产品策略和生产力 4 个角度对 SaaS 进行了探讨，SaaS 的魅力在于能基于客户的角度提供服务并实现其自身业务的规模化。然后，我们了解了 SaaS 的发展史，可以说 SaaS 是计算机发展、互联网技术和市场需求共同孕育的结果。接着，我们分析了 SaaS 的优缺点。最后，我们介绍了 SaaS 的 2 种划分维度，认识了 SaaS 业务的多样性和不同发展方向。

| 第 2 章 | CHAPTER

SaaS 销售模式

销售是面向潜在客户的行为，这个行为又由"价格"和"成本"这两个最为重要的因素所决定，价格和成本共同构成了 SaaS 的 3 种销售模式——无接触模式、低接触模式和高接触模式。

销售模式反映了 SaaS 的生产和服务方式，SaaS 的生产和服务方式又决定了其销售模式。

2.1 决定 SaaS 销售模式的 2 个因素

在 SaaS 业务中，我们通常可以将客户划分为以下 3 个类型。

- ❏ 专业用户/微型企业：个体或小微企业，对价格敏感，诉求较为简单，较少涉及复杂的功能。
- ❏ 中型企业：利益相关者少，有一定的项目预算，通常可以快速完成销售。
- ❑ 大型企业：涉及多个利益相关者，决策流程长，诉求相对个性，有软件集成需求。

不同客户的业务类型、体量规模、利益角色、市场营销、销售渠道和客户关系是不同的，针对的策略和模式也应不同。我们需要从价格和成本这两个最为重要的因素着手，制定适合当前 SaaS 产品的销售模式。

1. 价格

供给和需求决定价格，这是经济学中的经典模型。在 SaaS 产品中，用于销售的市场价是由客户需求和市场竞争共同决定的，如图 2-1 所示。例如，客户需求多，市场竞争少，就可以采取较高定价策略。

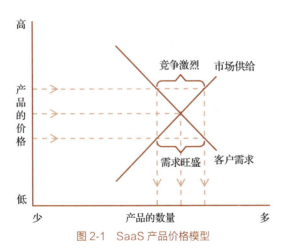

图 2-1　SaaS 产品价格模型

2. 成本

SaaS 服务的主要成本包括 CAC 和 CRC。
- ❑ CAC（Customer Acquisition Cost）：获客成本，即所有营销

和销售成本除以当月获得的客户数量。
- CRC（Customer Retention Cost）：客户留存成本，即企业为留存和培养现有客户而投入的所有费用。

2.2 SaaS 的 3 种销售模式

根据价格和成本的组合关系，我们可以构建以下 3 种 SaaS 销售模式，如图 2-2 所示。
- 无接触模式：自助服务。
- 低接触模式：交易型销售。
- 高接触模式：顾问式销售。

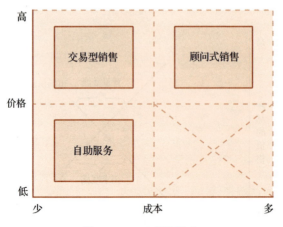

图 2-2 SaaS 销售模式

在实际中，可能会采用多种销售模式相结合的方式。

2.2.1 无接触模式

无接触模式是指客户自助完成整个服务，没有销售人员介入。

例如用户访问网站，注册账号免费试用，发现产品的价值后自助购买产品，整个过程中无须与产品方进行沟通。

采用这一模式通常需要产品足够简单、实用性一目了然、支付容易甚至售价便宜，同时，产品本身能够提供良好的支持（操作引导、使用说明、帮助中心以及反馈入口），客户在遇到问题时能够自助解决。

无接触模式的 SaaS 产品通常采用低价或免费增值的形式来吸引大量客户，以获得可观的收入。因为价格便宜、受众广泛，所以不需要销售团队。但这类产品的简洁性、易用性和自动化等方面必须做到位。

无接触模式的主要特征如下。

- ❑ 销售：纯自动化，不涉及人员销售，客户在线自助完成交易。
- ❑ 营销：制作利于传播的内容进行获客，并负责从认知到购买的全部工作。在定价方面，采用低价或免费增值的策略。
- ❑ 支持：提供模板、常见问题解答和其他教育性内容，帮助客户自行解决问题。此外需优化客户旅程中的每个环节，从访问到注册，从注册到试用，从试用到付款，都尽可能实现自动化、无障碍。

无接触模式的典型案例是文件存储和协作平台 Dropbox。该应用产品复杂度低，易于操作。个人版提供免费套餐，如果需要更多的存储空间或解锁其他高级功能，可以升级套餐，整个过程无须销售介入，客户可自助完成，如图 2-3 所示。

2.2.2　低接触模式

对于较高价格的产品，客户自然不愿意在没有任何接触的情况下付费。这就需要建立信任感，来促成客户付费。同时，客户也需要通过沟通来确定产品是否能够帮助他们解决业务问题，以及遇到问题时是否有人能够提供指导并给予帮助。

图 2-3　Dropbox 个人版套餐

低接触模式的 SaaS 产品通过免费试用的方式获客，销售人员通过在线沟通或者电话交流进行推销，具有高效、并行且销售周期短的特性。

这类产品需要在易用性和自动化方面投入大量的资源，从而降低客户的使用难度，促使他们转化成付费客户，同时尽可能减少整个销售过程中的人力投入。

低接触模式的 SaaS 产品更多采用按月订阅的收费形式，也是为了降低客户决策的成本和压力。

低接触模式的主要特征如下。

- ☐ 销售：利用内容（产品介绍、客户案例、竞品对比等）和工具（在线沟通、电话交流以及远程演示）进行销售转化。
- ☐ 营销：通过渠道和内容建设来获取流量，采用免费试用和预约演示的策略，为销售代表提供潜在客户。
- ☐ 支持：除了自助工具、模板和教育内容外，还提供客户服务支持。一方面维护客户关系，保证后期续费，另一方面创造向上销售⊖和交叉销售⊜的机会。

低接触模式的典型案例是入站营销和销售平台 Hubspot Marketing Hub。该应用价格较高，支持在线沟通、电话咨询和会议预约，以此增加与潜在客户的互动并建立信任，如图 2-4、图 2-5 所示。

图 2-4　Hubspot 套餐

⊖ 向上销售是指提供更高价值的产品或服务，纵向开发客户。向上销售可以分为 3 类：扩充坐席，例如引导客户开通更多的账户；升级版本，例如让客户从基础版升级为高级版；更大容量，例如将客户存储空间从 10GB 增加到 100GB。

⊜ 交叉销售是指发现客户的多种需求，并通过满足其需求而销售相关产品/服务，横向开发客户。

图 2-5　Hubspot 一对一服务

2.2.3　高接触模式

高价且复杂的 SaaS 产品（需要通过现场演示和大量交流向客户证明其价值和收益）通常会涉及客户方的多个利益相关者，因此采购和审批流程长，销售周期也长。其中可能需要经过招标、当面拜访、制定解决方案、商务谈判、合同签订等过程，可能会涉及个性化以及业务集成等方面的需求，需要提供长时间的个性化专属服务来促成订单。这也决定了高接触模式的 SaaS 产品普遍采用年度收费的形式，并且为了维护客户关系，产品团队和服务团队需要投入更多的成本。

在高接触模式的 SaaS 中，由于销售的业绩一般也决定了公司年收入的上限，因此公司里的其他团队几乎都是围绕销售开展工作的。市场营销的主要工作是为销售团队获得足够多且合格的销售线索，产品团队和开发团队更多的是配合销售团队满足客户需求。客户成功团队接手售后服务，提供产品支持，维护客户关系，以保证客户后期持续续费。

高接触模式的主要特征如下。

- ❏ 销售：专注于有限的客户，进行广泛的互动和交流。
- ❏ 营销：提升品牌知名度以及进行市场教育，从而在潜在客户的心中建立良好的印象。
- ❏ 支持：在售前，提供高优先级的咨询，针对客户特定需求进行演示和教育；在售后，配备专属客户经理和技术支持，帮助客户成功地使用产品，甚至提供现场服务。

高接触模式的典型案例是综合财务、人力资源、计划和分析系统的 Workday，由于产品复杂、价格高，因此为客户提供高接触的销售和支持，帮助客户配置产品并成功使用，如图 2-6、图 2-7 所示。

图 2-6 Workday 套件

图 2-7 Workday 高接触的销售和支持

2.3 销售模式对产品设计的影响

销售模式决定了 SaaS 厂商内部一系列政策的制定以及团队的运作方式，也会影响产品设计。

2.3.1 产品主导权方面的影响

我接触过的无接触、低接触与高接触 SaaS 产品，在产品设计的主导权方面都有所差异。

无接触、低接触模式的 SaaS 产品设计在价值层面会考虑更多，即最大化通用的价值。同时，因为单一客户对 SaaS 厂商总体收入而言占比很小，所以客户对于产品决策的影响力就很有限。

高接触模式 SaaS 产品的产品团队需要承担来自客户传导给销售、销售传导给公司的业绩压力，需要做一些定制化设计。由于通用性的限制，因此在一开始会出现产品功能融入度较低，甚至定制化设计对产品整体性造成一定破坏的状况。

其实，客户的定制需求有些时候是帮助处在"安全状态"的产品进行边缘突破的外在推力，并可能发展出新的生命力。从长期来看，SaaS 产品的发展过程也可以是一个从定制化到标准化，再定制化再到标准化的螺旋式上升过程。

2.3.2　自动化和自助化方面的影响

SaaS 的商业模式是通过客户的持续使用来不断获得收入，降低客户留存成本（CRC）是实现盈利的关键因素之一。同时良好的自动化和自助化，能够促使客户对软件进行主动探索，提高使用产品的广度和深度，从而促进客户持续付费。

由于无接触、低接触模式 SaaS 产品的价格决定了后期不能投入过多的人力服务，因此在自动化和自助化方面就有更高的要求。无接触、低接触模式 SaaS 产品通常需要面对和服务大量的客户，在自动化和自助化方面的投入也更具有规模化效益。当然，这并不是说高接触 SaaS 产品在这方面的投入不多，只是支持客户功能需求的优先级相对更高而已。

2.3.3　用户体验方面的影响

良好的用户体验是减少人力投入且帮助客户更好获取产品价值的长期有效方式。产品信息架构的清晰明确且易于使用不仅是基于产品自身扩展性的考量，更关乎使用者意识并体验到产品的价值所在，进而影响首次和持续订阅的情况。毕竟，产品的复杂性（这里更多指感受上的，而非产品本身构造）会增加使用阻力，影响客户活跃度和产品采用度。

当然，任何事物都有其自身的复杂性，这是无法避免的。这就需要根据 SaaS 销售模式所针对的客户进行应对。高接触模式 SaaS 产品的客户对功能的诉求短时间内会高于体验层面，这一方面是由于支持团队提供"贴身"服务，因此客户降低了对体验的迫切性；另一方面是因为大多数客户定制工期的紧迫，就很容易压缩原本在体验方面的投入。

2.4　本章小结

本章我们从价格和成本 2 个角度出发，介绍了如何搭建有利于 SaaS 发展的 3 种销售模式。选择不同的销售方式，看上去是选的是服务方式，其背后更是我们对产品发展方向、目标客户和团队组织的选择。

第 3 章 | CHAPTER

SaaS 定价的 7 种模式

由于 SaaS 采用订阅模式收费,而不是一次性买断,因此对于任何一家 SaaS 厂商而言,定价都是不得不深思熟虑的事情。那么有没有最佳的 SaaS 定价模式呢?

我们无法找到一套通用方案来面对所有情况,毕竟产品业务、客户群体、市场定位和商业策略迥异,注定无法开出一味万能药。

事实也确实如此,当前市面上定价模式众多,令人眼花缭乱。为了能够看清这一切,更加深入理解 SaaS 的定价模式,我们可以通过以下 3 个关键要素来一探究竟,如图 3-1 所示。

- 用户(坐席)。
- 功能或服务。
- 使用量(存储量、调用次数等)。

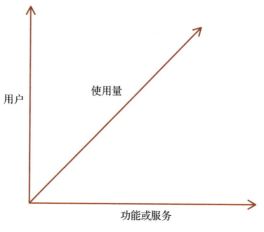

图 3-1　SaaS 定价维度

通过组合这 3 个关键要素，形成为较为常见的定价模式。

3.1　统一定价模式

这种定价模式的产品只有一种定价，提供所有的产品功能，且不限制使用人数。该模式并不是 SaaS 中常用的定价模式，适用于功能/服务有限或针对单一角色的产品，且目标受众具有相同的要求。

统一定价的优点如下。

- ❏ 简单明了：单一定价对客户而言简单直接，也不用纠结于套餐的选择。
- ❏ 收入易统计：根据客户量就能快速计算出收入，业务收入状况一目了然。
- ❏ 消除摩擦：在整个销售过程中，不会因为定价模型的复杂性而阻碍签单。

统一费用定价的缺点如下。

- 缺乏灵活性：无法让客户根据自身需求选择套餐。有些客户会觉得统一定价很划算，有些客户可能就觉得贵了，因此统一定价很难适应不同的客户群体。
- 无法从更高层级的客户中获取更多的收入：失去了向拥有更多坐席或更大使用量的客户收取更多费用的机会。同时，统一定价的产品也失去了向上销售的机会。
- 易受价格战影响：如果竞争对手降价，则很难从其他维度稳固市场。

统一定价的典型案例是项目管理和团队协作工具 Basecamp。该工具统一定价，提供所有功能和服务，且不限项目和用户数量。Basecamp 秉持使用简单和直接的原则，不专注某一行业，满足通用性业务，也不划分套餐，用统一定价服务不同规模的企业。

3.2 按用户数量定价模式

用户（坐席）数量是该定价模式的变量，总费用为客户当月开通的坐席数 × 单价。该模式是 SaaS 中较为常见的定价模式，适用于团队甚至整个公司都使用的产品或者每个人员需要独立使用的产品。

按用户数量定价的优点如下。

- 简单明了：对于客户而言，投入费用根据使用人数就能轻松算出。
- 可扩展的收入：收入与采用率成正比，费用随着客户使用人数的增多而增加。例如，随着客户业务的发展，需要开通更多的坐席，自然 SaaS 厂商就能获得更多的收入。
- 可预测的收入：根据使用坐席量就能轻松预测收入。
- 消除摩擦：单一的定价模式，节省了客户在多个版本之间做决策的成本，加速了销售过程。

按用户数量定价的缺点如下。

- ❏ 限制采购：由于增加坐席就需要增加订阅费，因此会影响客户的订阅量。
- ❏ 流失风险：基于限制采用量的原因，使用的人越少，与产品的关联性和紧密性就越低，相应的流失风险也就越高。例如，只有少数人使用IM（即时通信）或项目管理工具相对于整个公司或部门都在使用的情况而言，流失的可能性就很大。
- ❏ 共享坐席：存在共用同一个账户以减少企业支出的情况。
- ❏ 量大时价高：对于有大量使用需求的客户而言，价格并不友好。

按用户数量定价的典型案例是在线客户系统解决方案53KF，其云客服功能提供全功能版本，按照坐席数量收费。

在按用户数量定价的模式基础上还发展出了一种模式：按活跃用户数量定价。企业可以根据需要注册任意数量的成员，但只为实际使用该产品的人付费。

按活跃用户数量定价的优点如下。

- ❏ 避免采用限制：让企业感觉钱用得其所，从侧面鼓励企业多开账号甚至整个公司采用，毕竟仅须为活跃账号付费。
- ❏ 只为活跃人员付费：对于未真正使用的人员，客户并没有投入。

按活跃用户数量定价的缺点如下。

- ❏ 预测收入变得困难：因为需要预测活跃人员，所以预测收入变得困难。
- ❏ 难以定义活跃用户：如果活跃的阈值较高，客户可能因难以认同而降低坐席数量甚至弃用；如果阈值较低，则会缩小收费人数的范围。对"活跃"的阈值进行较好的设定并得到大多数企业客户的认同是一项挑战。
- 对中小企业效果不佳：这种定价模型非常适合提高企业组织的采用率，而对于资金紧缺且团队规模较小的组织，按活跃用户定价能取得的收入并不高。

按活跃用户数量定价的典型案例是团队即时沟通和协作工具Slack。这款软件提供公平的计费政策，客户只需要为积极使用Slack的成员付费。对于非活跃状态的成员（超过14天没有使用Slack），在账单期间未使用的部分以抵免额的方式存入Slack账户。Slack作为沟通协作应用，使用的人越多，价值就越大，采用这种定价策略是为了消除客户前期的使用障碍，从而在全公司范围内启动，以增加扩大使用量的可能性。

3.3 按用量定价模式

按用量定价模式又称为即用即付模式，费用与使用量相关。使用的多，产生的费用就多；使用的少，产生的费用就少。常见的云通话、API调用、短信服务等都是按用量定价模式。该模式适用于对不同客户使用情况差异性很大的产品、价格敏感性较高的客户，或客户不愿意订阅、只希望按照使用情况付费的产品。

按用量定价的优点如下。
- 费用与使用量成正比：对偶尔使用服务或使用量并不固定的客户具有吸引力，客户不必在使用量少或不用的情况下支付固定的费用。
- 对中小企业更加友好：基于使用情况的定价模式不会产生高昂的前期成本，即使预算紧张的小型企业和初创公司也可以使用。

按用量定价的缺点如下。

- 收入难以预测：收入取决于使用量，使用量通常受业务、季节等因素影响，很难预测。
- 客户预算难以预测：对客户而言，用量不确定，就很难预测成本并计划预算，甚至可能会收到意料之外的巨额账单。

按用量定价的典型案例是 Stripe，一款为互联网业务提供在线收付款服务的应用。Stripe 采用"收取金额的百分比＋每笔固定金额"的收费方式，客户不必承担固定的月费。对于中小企业而言，避免了在成长期产生不必要的固定支出。

批量定价是按用量定价的一种形式，单位价格会随着购买单位总数的增加而降低。

批量定价的优点如下。

- 易于扩展的定价：可以根据使用量调整单次定价，并打包成不同的套餐，以适用于不同类型的客户。
- 有利于销售：根据阶梯定价，使用量越大，单价越低，对于高频使用的客户而言也更加友好。
- 批量订阅：单位价格随着购买量的增加而降低，这种模式会推动客户订阅更大的套餐。
- 锁定收入：相比于每次计费，提前锁定了部分收入。

批量定价的缺点如下。

- 单价损失：相比于每次计费，批量定价的单价更低。
- 无法预估使用量：对于首次使用的客户而言，很难评估订阅什么数量的套餐。

批量定价的典型案例是电子邮件发送服务 Postmark。Postmark 划分为多个套餐包，采用"基础包＋超出后每千封费用"的收费方式。一来，满足了不同体量客户的需求；二来，推动客户采用更大的套餐包。如果客户本月使用量超出基础包，那么下个月就有可能订阅更大的套餐包。

3.4 按功能定价模式

按功能定价是根据每个套餐所包含的功能设定不同的定价。基本套餐包含最少的功能，客户可以通过升级来获得更多功能。该模式是 SaaS 中较为常见的定价模式之一，适用于因业务类型或阶段不同而有不同功能诉求的客户，以及提供的功能和交付的客户价值直接挂钩的产品。

按功能定价的优点如下。

- ❏ 满足不同层级的客户需求：客户选择适合自己的套餐，而不至于为用不到的功能支付费用。同时，基础套餐降低了使用门槛，还为高级套餐培育了潜在客户。该定价模式是捕获不同需求层次客户的好方法。
- ❏ 向上创收：由于客户需要通过升级才能获取更多的功能，因此该定价模式具有向上销售增加收入的属性。
- ❏ 强大的升级动力：为了获取更多高级功能，客户升级有了明显的动力。

按功能定价的缺点如下。

- ❏ 不易确定套餐功能集：很难弄清楚每个套餐应该包含哪些功能。这可能需要大量测试和数据验证，同时还需要确定哪些功能可以激发客户升级。
- ❏ 阻碍订阅：清晰地判断出适合自己的套餐对某些客户而言是非常困难的。同时，他们可能对于某一项高级套餐中的功能有需求，对其他功能并不需要，这种情况就会阻碍客户订阅。

按功能定价的典型案例是创意应用工具服务商 Adobe。Adobe 采用基于功能的定价模式，用户可以单独订阅某个应用（例如 Photoshop），也可以订阅多个，甚至订阅组合包（例如摄影套件或所有应用的打包套餐）。组合包在价格上相对于购买多个应用而言更具性价比，可以促使客户在前期订阅时就加以考虑，或者在后期需要其他功能时升级为组合包。

3.5 混合定价模式

混合定价模式是两个或多个变量组合的定价模式，从而产生不同的套餐。该模式是 SaaS 中被广泛应用的模式之一。用户（坐席）、功能或服务、使用量（存储量、调用次数等）可以组合成不同的套餐，以此定价。

混合定价可以分为以下 4 种模式，如图 3-2 所示。

- 按用户和功能定价。
- 按用户和使用量定价。
- 按使用量和功能定价。
- 按用户、功能和使用量定价。

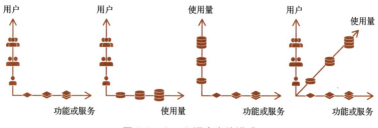

图 3-2 SaaS 混合定价模式

混合定价模式适用于要满足不同层级的客户群体、单一定价式无法体现产品全部价值的情况。

混合定价的优点如下。

- ❏ 提升收入潜力：多个维度就是多个条件限制，提升了触发升级的可能性，从而充分发挥出产品的收入潜力。
- ❏ 满足不同层级的客户需求：不同的套餐可以匹配不同客户的诉求。
- ❏ 向上创收：当用户的需求随业务扩展而增加时，就有机会通过向上销售来赚取更多收入。

混合定价的缺点如下。

- ❏ 增加复杂性：套餐越多或涵盖的内容越多，定价就越复杂。同时，客户也并非完全清楚自身的需求，于是增加了客户进行决策和订阅的难度，甚至可能让客户放弃订阅。
- ❏ 增加套餐搭配难度：创建各种各样的套餐并涵盖不同的服务来满足不同的需求，以及设置相应的定价和套餐名称，这些都是挑战。

1. 用户 × 功能

先来介绍基于功能划分套餐，根据使用人数进行收费的定价模式。案例为人力资源管理平台 Zenefits。该平台根据不同的功能，划分不同的套餐进行单位定价，不同的套餐再基于使用人数进行每月总价计算，如图 3-3 所示。

2. 用户 × 使用量

这种定价模式提供的功能相同，使用量不同，并根据使用人数或人数范围收费。案例为数字产品设计平台 InVision。

图 3-3　Zenefits 的定价方式

除企业版本的套餐外,InVision 的其他版本并没有做功能上的区别,只是限制了原型数量。团队版相比于专业版提供了 1 个坐席优惠,当成员数大于等于 4 个人时,团队版本更加划算,如图 3-4 所示。

图 3-4　InVisions 的定价方式

3. 使用量 × 功能

这种定价模式适用于不涉及使用人数的情况,根据功能划分套餐,同时针对某些功能的使用数量进行限制。

二维码生成和管理工具 Supercode 划分套餐主要基于对动态码的限制，免费版只提供静态码，入门限制为 10 个，专业版不设限。客户在使用过程中，伴随业务的需求，可逐步升级套餐，如图 3-5 所示。

图 3-5　Supercode 的定价方式

4. 用户 × 功能 × 使用量

这种定价模式对使用人数、功能和使用量同时做出了限制，以打包成不同的套餐进行收费。

小型企业帮助台 Groove 在 3 个维度上同时进行了限制，不同的套餐涵盖不同的功能和邮箱数量，同时根据使用人员数量计算总价，如图 3-6 所示。

图 3-6　Groove 的定价方式

3.6 免费增值定价模式

免费增值定价模式免费提供基本套餐，以鼓励用户试用，并在某些维度上进行限制，从而促使用户升级，例如功能（导出多种格式需要升级）、容量（高级会员最大支持 10GB 文件上传）等。该模式也是 SaaS 广泛应用的模式之一，适用于初期推广的产品和具有广阔市场的产品，主要针对中小企业客户。

免费增值定价的优点如下。

- 鼓励试用：如何推动用户试用是 SaaS 业务经常面临的挑战之一，提供免费试用可以吸引用户进行体验，从而更容易将产品推向市场。
- 有利于产品传播：对于具有网络效应的产品，强大的推荐计划结合免费套餐，可以有力地推动产品传播。

免费增值定价的缺点如下。

- 利润杀手：对于大量用户而言，免费套餐就够用了，可能永远也不会升级。这意味着 SaaS 厂商需要通过付费客户的收入来补贴免费用户的获客成本和服务器成本。
- 较高的流失：因为是免费用的，所以用户可能会低估产品的价值，最终造成较大的订阅流失。

免费增值定价的典型案例为电子邮件营销服务和自动化平台 Mailchimp。该平台主要面向中小型企业，通过免费套餐降低了采用门槛，并为付费套餐培育了大量潜在客户。

3.7 定制报价模式

定制报价针对非常规客户，提供特定需求的套餐和报价，适用于中大型客户等需求差异大、需要提供针对性服务的情况。

定制报价的优点是可以提供有针对性的解决方案，即提供个性化的服务和产品方案，以满足客户的业务需求。缺点是由于不同客户的需求不同，因此需要为每个客户提供不同的解决方案和报价。

定制报价的典型案例是云电子签名服务商 Docusign。除了标准定价的套餐外，Docusign 还可以提供定制服务，以适应客户的个性化需求。

3.8 本章小结

本章透过用户、功能（或服务）和使用量这 3 个维度，从纷乱繁杂的定价方式中归纳出了常用的 7 种定价模式及相关变种，并对不同的定价模式进行了适用范围和优缺点的探讨，以帮助读者找到适合自身业务和阶段的定价模式，从而在价值、变现和规模之间找到最佳平衡。

第 4 章 CHAPTER

SaaS 的常用数据指标

随着互联网的发展，数据在企业生产经营中的地位越来越重要。对数据的整理和分析能够帮助我们更好地了解经营现状、发现问题和洞察机会，在 SaaS 的经营中也是如此。

本章介绍关注 SaaS 数据指标的原因，以及在日常工作中需要着重关注的核心指标。

4.1 关注 SaaS 数据指标的 3 个原因

彼得·德鲁克有一句名言："你如果无法度量它，就无法管理它。"放到 SaaS 的世界里，便是如果我们不去度量 SaaS，那么就等于放弃了通过数据指标去衡量、优化和增长 SaaS 的机会。我们需要对 SaaS 数据指标进行持续的记录和跟踪，具体的原因主要有以下 3 点。

4.1.1　SaaS 模式的特殊性

在软件许可模式下，客户需要预先支付永久性或规定期限内的全部费用。大部分收入在客户购买时就完成了收取，而后期的维护费用仅占收入的一小部分。SaaS 采用的订阅模式决定了 SaaS 厂商的收入取决于未来，即每月或每年的经常性收入（MRR/ARR）。这些收入需要在较长的时间内弥补前期的获客成本以及后期的维护成本才能产生盈利。如果客户不满意，他们就有可能会流失，致使 SaaS 厂商无法继续获得收入而遭受业务损失。软件许可和 SaaS 的区别如表 4-1 所示。

表 4-1　软件许可和 SaaS 的区别

软件许可	SaaS
预先支付永久性或规定期限内的全部费用	按月或按年支付费用
类似于产品的销售	被视为一段时间内提供服务的销售
业务的成功与否取决于销售多少软件	业务的成功与否取决于有多少客户愿意持续订阅
保持业绩需要不断拓展新的订单	以客户为中心，需要保持高留存和增加新订阅

SaaS 订阅模式从根本上改变了厂商对客户关系的长期关注，并通过跟踪经常性收入、流失率、终生价值、获客成本等指标，来衡量业务发展的健康状况。

4.1.2　数据驱动，获取业务洞察力

在 SaaS 中，通过数据指标可以帮助我们从以下方面避免仅凭直觉进行判断和行事，以便做出更为明智的业务决策，保持 SaaS

的业务朝着正确的方向不断迈进。
- 了解产品与市场的匹配程度（Product/Market Fit，PMF），即是否具有市场价值。
- 了解商业模式的可持续性，即能否长期盈利。
- 确定当前工作什么是有效的，哪里需要改进。
- 确定产品的发展战略、方向和节奏。

4.1.3 衡量商业成功

对于SaaS厂商而言，想要获得商业成功可以从3个方面入手。
- 以最低成本获得大量客户。
- 确保客户忠于服务且持续付费使用。
- 针对每个客户进行利润最大化。

为了衡量这3个方面以及验证行动是否有效，自然需要对相关数据指标进行记录和跟踪。

4.2 SaaS常见的5类核心指标

由于公司的发展阶段（早期验证、初创、成长甚至上市）以及角色（营销、销售、客户成功、产品/设计、高管/老板以及投资人）关注的利益不同，因此需要关心和关注的指标也是不同的。对于企业而言，可以根据自身的业务特性设定指标，甚至进一步细分（例如客户、地区、行业等）。下面介绍一些通用且核心的指标。

4.2.1 经常性收入

1. 什么是MRR/ARR

经常性收入是未来持续可获得的收入。对于SaaS而言，经常性收入来自客户的持续订阅，具有稳定、可预测、高度确定的特点。通过统计 MRR/ARR 可以清晰地呈现业绩状况和收入变化。

在 SaaS 业务中，通常按月或按年签订合同。

- ❑ 对于按月签订合同及少量的年度合同，采用 MRR（Month Recurring Revenue，月度经常性收入）进行统计。MRR 用于衡量每月订阅收入，如果包含了年度订阅收入，则先除以 12，再分摊到每月来计算 MRR。
- ❑ 按年合同及少量的多年合同，采用 ARR（Annual Recurring Revenue，年度经常性收入）进行统计。多年合同除以合同年限，再分摊到每年来计算 ARR。

在 MRR/ARR 统计中，并不会计算一次性收入，例如定制的功能费用。

2. 如何计算 MRR

将每个客户每月支付的费用相加得出 MRR，公式如下。

$$MRR = SUM（每位客户每月支付费用）$$

例如，当月共拥有 2 个客户，每个客户支付 100 元/月，那么 MRR = 100+100 = 200 元。下个月又增加了 1 个客户，那么 MRR = 100+100+100 = 300 元。

同时，我们也要注意套餐不同，月费不同的情况。

例如，当月拥有 1 个客户，支付 100 元/月，那么 MRR=100 元。在下个月，增加了 1 个客户，订阅 1000 元/年（ARR），那么相当于 83 元/月（MRR），虽然 2 个客户的总收款为 1100 元，但 MRR=100+83=183 元。

3. MoM MRR 增长率

MoM MRR 增长率是指按月计算 MRR 增长率，用于衡量

SaaS 业务增长速度、市场吸引力和业务扩展情况，公式如下。

$$\text{MRR 增长率} = (\text{MRR}_t - \text{MRR}_{t-1}) \div \text{MRR}_{t-1} \times 100\%$$

例如，上个月产生了 1000 元的 MRR，本月产生了 2000 元的 MRR，则 MRR 增长率 =（2000−1000）÷ 1000 × 100% = 100%

4. 净新增 MRR

拆解 MRR 的各个组成部分能帮助我们了解具体业务收入的状况，以及导致 MRR 波动的原因。MRR 主要包括如下内容。

- 新增 MRR：新客户产生的 MRR。
- 扩展 MRR：对现有客户向上销售或交叉销售所增加的 MRR。
- 重新激活 MRR：老客户重新使用的 MRR。
- 客户流失 MRR：客户取消订阅后的 MRR。
- 客户收缩 MRR：客户降低订阅后的 MRR。

利用以上信息，我们可以计算净新增 MRR，公式如下，示意图如图 4-1 所示。

$$\text{净新增 MRR} = （\text{新增 MRR} + \text{扩展 MRR} + \text{重新激活 MRR}）-（\text{客户流失 MRR} + \text{客户收缩 MRR}）$$

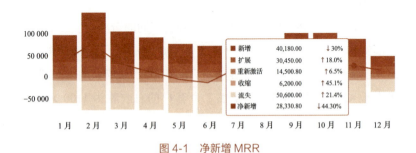

图 4-1　净新增 MRR

例如，当月产生了 1000 元的新 MRR，又产生了 1000 元的向上销售收入，由于客户流失而损失了 500 元 MRR，那么净新增 MRR=1000+1000-500=1500 元。

5. 确认收入

确认收入是非常重要的财务知识，在 SaaS 业务中，确认收入与合同金额、收款金额有很大的区别。

例如按年收费的 SaaS 产品，年费 1200 元，那么：

- ❑ 合同金额是 1200 元；
- ❑ 客户一次性支付年费，收款金额是 1200 元；
- ❑ 在合同期间的每个月确认收入为 1200÷12=100 元。剩下的 [1200-（月数 ×100）] 为递延收益⊖；
- ❑ 对于企业资产负债表⊜而言，剩下 11 个月的 1100 元均为负债。因为服务还未完成，所以需要投入 11 个月资源履行服务义务。因为合同可能发生中止的情况，所以还不是确定的收入，需要通过后期的确认收入（损益表⊜中的利润）来减少资产负债表上的负债。

4.2.2 客户终生价值

1. 什么是 LTV

LTV（Life Time Value，客户生命周期价值）即单个客户在整个使用期间所支付的费用，如图 4-2 所示。跟踪 LTV 可以帮助我

⊖ 递延收益指待确认的收入或收益。凡在期间内完成的服务所产生的收入，都为确认收入；反之，即使款项提前预收，只要未在期间内完成服务，都不作为确认收入。

⊜ 资产负债表是反映企业经营在一定时期内（月份、年度）财务状况（包括两个方面，一方为资产、另一方为负债和权益）的报表。

⊜ 损益表反映企业经营在一定时期内（月份、年度）利润（收入）或亏损（支出）的报表。

们评估 SaaS 业务的健康状况，以及做出对业务发展而言更有可持续性帮助的决策。

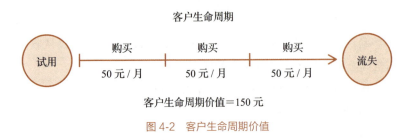

图 4-2 客户生命周期价值

2. 如何计算 LTV

要计算客户生命周期价值，我们需要知道以下 3 个变量，公式如下所示。

- 每个账户的平均收入 ARPA（Average Revenue Per Account）。
- 流失率。
- 毛利率[⊖]。

$$LTV = ARPA \times 毛利率 \times 客户月留存时长$$

由于客户月留存时长 =（1÷客户流失率），因此

$$LTV = ARPA \times 毛利率 \times (1 \div 客户流失率) = ARPA \times 毛利率 \div 客户流失率$$

例如，每个账户的平均收入为 1000 元，毛利率为 80%，客户流失率为 10%，那么客户终身价值 LTV = 1000×80%÷10% = 8000 元。

3. 如何使用 LTV

- 指导获客成本：客户终身价值可以帮助我们了解应该花多少钱来获取客户，一般而言，LTV:CAC（获客成本）≥3 被

⊖ 毛利率是毛利和销售收入的百分比。毛利率在 SaaS 中通常非常高，例如大于 80%。

认为是一个健康的标准。
- 确定高价值客户：将 LTV 按照不同的客户进行细分（规模、行业或其他维度），可以帮助我们确定最有价值的客户类型和画像特征，从而集中营销、销售、产品和支持等资源来吸引、赢得和留住这些客户。

4. 如何提高 LTV

可以采用以下 4 种策略提高 LTV。

- 增加 ARPA：有研究表明，向现有客户成功销售的可能性为 60%~70%，而向新客户成功销售的可能性为 5%~20%。基于现有客户的信任，可对其进行向上销售和交叉销售，以增加 ARPA。
- 减少流失：客户留存时间越长，支付的费用也就越多。与客户保持互动并建立良好的关系，以及不断完善、优化产品和服务，从而提高客户忠诚度。
- 提供年费套餐：假如客户平均留存时间为 8 个月，可以通过优惠 10% 来吸引客户购买年费套餐，促使客户生命周期延长至 12 个月。
- 提高毛利率：提高自动化投入，进而降低人力投入并获得规模化效益。

4.2.3 获客成本

1. 什么是 CAC

CAC（Customer Acquisition Cost）指获取单个新客户所需要的成本。通过跟踪和统计 CAC 可以帮助我们分析和比较不同的渠道，以及确定当前的获客成本是否在 SaaS 可持续经营的合理范围内。

- 对于大多数 B2B SaaS 业务而言，CAC 包括以下内容。

- 产生销售线索的成本：营销和广告投放费用。
- 转化为客户的成本：销售和相关支出成本。

2. 如何计算 CAC

将给定时间段中的营销和销售支出总额相加除以新客户总数，公式如下。

$$CAC_t = 总成本_t \div 获得的客户总数_t$$

例如，一个月里在营销和销售上花费了 50 000 元，并获得了 50 个新客户，则该月的客户获取成本 CAC＝50 000÷50＝1000 元。

CAC 存在两种不同的计算方式。

- 混合 CAC：市场营销支出 ÷（付费客户＋自然客户）。把付费渠道和天然渠道（包括口口相传、社交媒体、自然搜索）混在一起计算的 CAC。
- 付费 CAC：通过付费渠道获取的总成本 ÷ 客户。

混合 CAC 可以为我们提供业务的整体概况，查看付费 CAC 可以帮助我们确定哪些渠道有效、哪些渠道无效，以及对比各个渠道，图 4-3 所示是 CAC 可视化折线图。

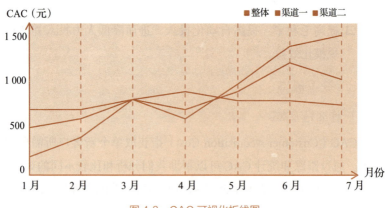

图 4-3 CAC 可视化折线图

3. LTV∶CAC

LTV∶CAC 用于估算客户获取的投资回报率（ROI）。通常情况下，LTV:CAC≥3 被行业认为是一个良好的指标，如图 4-4 所示。

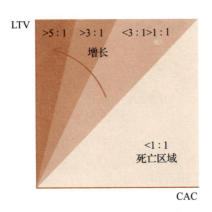

图 4-4　LTV∶CAC 比率

例如，客户的生命周期价值为 3000 元，而获客成本为 1000 元，则 LTV∶CAC=3∶1。

4. CAC 投资回收期

通过计算 CAC 投资回收期得知获利（未考虑后期维护成本的情况）需要等待的时长，即从客户身上获取收入需要多长时间才能抵消获客成本，计算公式如下。

CAC 投资回收期＝CAC÷（ARPA×毛利率）

例如，客户获取成本为 1000 元，每位客户平均每月收入为 100 元，毛利率为 80%，那么 CAC 投资回收期为 1000÷（100×80%）=12.5 个月。

此外，CAC 投资回收期≤12 个月被认为是一个不错的指标，如图 4-5 所示。投资回收期越短，公司的现金流就越稳定，且有助于减少因客户流失而沉没的获客投入。

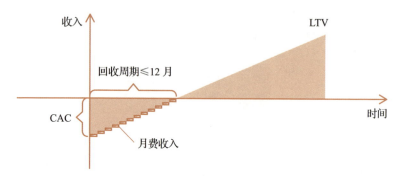

图 4-5　CAC 投资回收期 ≤ 12 个月

5. 缩短 CAC 投资回收期

我们想要尽快实现盈利，就需要客户订阅收入尽可能快地超过获客成本（CAC），通常可以采取以下方式来实现这一目标。

- 增加收入：最大化定价和套餐策略；与潜在客户建立良好关系，进而以最快速度进行转化；专注客户目标，让意向客户尽早感受到产品匹配的价值进而付费订阅，让老客户不断深入使用，致使订阅更多或升级套餐，如图 4-6 所示。

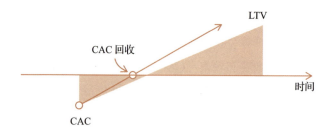

图 4-6　增加收入

- 降低获客成本：优化营销渠道，将钱投放到最佳回报率的渠道上；增加自然线索，例如优化 SEO、口碑传播，如图 4-7 所示。

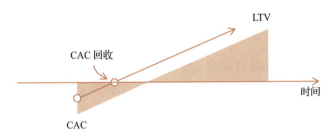

图 4-7　降低 CAC

☐ 增加向上销售和交叉销售的机会：引导客户向上升级高级套餐；通过交叉销售相关产品的方式增加客户的支出，如图 4-8 所示。

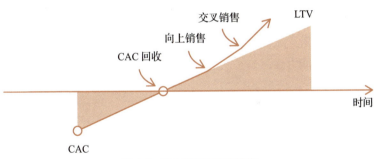

图 4-8　向上销售和交叉销售

4.2.4　平均客户收入

1. 什么是 ARPA

ARPA（Average Revenue Per Account）指每个账户（客户）每月或每年产生的平均收入，用于衡量平均账户或客户的每月贡献。

跟踪和统计 ARPA 可以帮助我们绘制客户消费的变化情况,以及细分不同客户群体的价值。

2. 如何计算 ARPA

计算 ARPA 即将客户（付费用户）产生的每月经常性收入 MRR 除以当前月份的账户或客户总数,公式如下。

$$ARPA = MRR \div 账户/客户总数,$$

例如,一家公司有 1000 个账户,每月产生 100 000 元的收入,则每个账户的平均收入 ARPA＝100 000÷1000＝100 元。

使用账户数还是客户数进行计算,主要看收费模式是否基于坐席数量。如果有关,就可以使用具体的账户数量进行计算。

3. 如何使用 ARPA

ARPA 可以帮助我们预测和优化收入。例如跟踪对比新账户和现有账户的 ARPA,可以帮助我们评估营销策略、定价策略和产品策略调整效果。随着时间的推移,ARPA 的变化趋势也反映了产品/服务的溢价能力。

4. 如何提高 ARPA

可以采用以下方法提高 ARPA。

（1）优化定价结构

- ❏ 提高价格：调整产品价格是增加每位用户平均收入最明显、最直接的方法。
- ❏ 可扩展的定价：随着客户业务的增长,需要客户不断升级套餐计划,例如套餐 A 允许存储 1000 个客户信息,套餐 B 允许存储 10 000 个客户信息。

（2）更多销售

- ❏ 向上销售：通过提供不同功能或服务组合的套餐,引导客户升级,增加向上销售机会。
- 交叉销售:提供套餐外的功能或者服务,提高交叉销售收入。
- 捆绑销售:通过组合多个产品或功能组件进行销售,增加客户订阅金额。

(3)扩展产品线

关注现有客户的需求,开发新功能或额外的服务来发展和优化产品,以进一步扩展市场,增加产品价值,提高 ARPA。例如,一家在线客服系统的应用,扩展智能客服和电话客服的服务。

(4)关注高 ARPA 客户

并非所有的客户都是平等的,我们可以将更多的精力投入到高价值客户的身上。

4.2.5 流失

1. 什么是流失

流失是指在特定时间段内停止订阅服务。对于依赖经常性收入的 SaaS 业务而言,跟踪流失客户可以评估业务的健康状况以及计算客户的生命周期价值。

常见的流失原因如下。
- 客户无法看到 / 获取产品的价值。
- 产品质量或功能无法满足客户需求。
- 服务体验不好。
- 客户转向竞争对手。
- 客户账户余额不足。
- 客户业务关闭。

虽然所有的流失都意味着收入的损失,但对于因产品或服务有问题而造成的流失,我们需要着重进行完善和优化,以此来提高留存率并获得更多的持续性收入。

在 SaaS 中有如下 2 种计算流失的角度。
- 客户流失:取消订阅的客户数量。
- 收入流失:取消订阅的收入损失。

2. 客户流失率

计算客户流失率,需要先将给定时间段内停止订阅的客户数量相加,然后除以期初的客户总数,公式如下。

$$客户流失率 = 流失的客户数_t \div 客户总数_t \times 100\%$$

例如,在月初有 20 个付费客户,到了月末只有 19 个付费客户,那么当月的客户流失率为(20-19)÷20×100%=5%。

听起来合理的月度流失率,可能会造成非常严重的年均流失率,计算公式如下。

$$年客户流失率 = [1-(1-月流失率)^{12}] \times 100\%$$

例如,月客户流失率 5%,听上去并不高,将转化为全年客户流失率,却高达 46%。

$$[1-(1-0.05)^{12}] \times 100\% \approx 46\%$$

当我们将年客户流失率定为 5%~7% 时,意味着月流失率仅约为 0.5%,即每 200 个客户流失 1 个客户。

$$[1-(1-0.005)^{12}] \times 100\% \approx 6\%$$

通过上述公式,我们可以从单个月度流失率中提前计算得出年度可能流失率。当我们获得 12 个月的数据时,就可以用以下公式更为准确地计算出全年实际客户流失率。

$$年客户流失率 = [1-(1-m_1) \times (1-m_2) \times ... \times (1-m_{11}) \times (1-m_{12})] \times 100\%$$

3. 收入流失

假如在当月有 3 个客户停止订阅服务,第一个客户原本支付

10元/月，第二个客户原本支付50元/月，第三个客户原本支付100元/月。那么收入流失就是这些订阅费用的总和，即10+50+100＝160元，收入流失公式如下。

$$收入流失＝SUM（流失客户的MRR）$$

收入流失率指流失收入占收入的百分比，计算公式如下。

$$收入流失率＝期间流失MRR \div 期初MRR \times 100\%$$

（1）客户流失与收入流失

那为什么会有两种计算方式？

例如，我们的SaaS业务是按照坐席收费，50元/月。拥有200个客户，100个大客户（每个大客户拥有100个坐席），100个小客户（每个小客户拥有10个坐席）。

当月流失了10个客户，那么月客户流失率为$10 \div 200 \times 100\%＝5\%$。

如果在流失的客户中，有8个是大客户，2个是小客户，那么MRR流失$[(8 \times 100)+(2 \times 10)] \times 50＝41\ 000$元，MRR流失率为$41\ 000 \div 55\ 0000 \times 100\%＝7.45\%$。

如果在流失的客户中，有2个是大客户，8个是小客户，那么MRR流失$[(2 \times 100)+(8 \times 10)] \times 50＝14\ 000$元，MRR流失率为$14\ 000 \div 55\ 0000 \times 100\%＝2.55\%$。

综上，通过不同的计算方式，我们可以更加全面、准确地了解业务中发生的事情。

（2）总MRR流失率

总MRR流失率是由于客户取消订阅和降级而导致的经常性收入损失的百分比，反应了客户对产品的满意度以及企业是否吸引到了合适的客户，计算公式如下。

$$总MRR流失率＝[（降级MRR＋取消MRR）\div（期初总MRR）] \times 100\%$$

如果本月流失（取消订阅或套餐降级）的总MRR为200元，而总MRR（在月初计量）为10 000元，则总MRR流失率为200÷10 000×100%＝2%。

（3）净MRR流失率

净MRR流失率是一段时期内现有客户取消和降级而损失的收入减去扩展（向上销售和交叉销售）收入后与期初MRR的百分比关系，公式如下。

净MRR流失率＝（损失MRR－扩张MRR）÷期初总MRR×100%

例如，A公司的MRR为50 000元，其中向上销售和交叉销售的收入为7000元，因客户取消和降级损失了10 000元，则净MRR流失率为（10 000-7000）÷50 000×100%＝6%。

B公司的MRR为100 000元，其中向上销售和交叉销售的收入为12 000元，因客户取消和降级损失了7000元，则净MRR流失率为（7000-12 000）÷100 000×100%＝-5%。

当出现负流失时，意味着现有客户每月产生的额外收入大于取消和降级而损失的收入。要达到净MRR流失率为负值，可以采用以下措施。

- 实施可扩展的定价模式，例如采用按坐席付费或者按调用次数付费的模式。
- 向上销售，引导客户升级更高的套餐版本。
- 交叉销售，引导客户购买额外的产品或服务。
- 降低流失率，从而减少取消订阅对收入的影响。

4. 队列分析

虽然队列本身不是一个指标，但是非常重要。队列分析是一个可视化图表，用于绘制和比较每个队列的特定指标随时间的进展情况。

在SaaS中，我们会查看留存率随时间的变化趋势，并尝试找出导致高流失率的因素，从而改善客户留存情况。通常，我们基于时间进行队列分组，例如：

- 2021年1月注册；
- 2021年2月注册；
- 2021年3月注册。

常见的队列分析以表格的形式呈现，具有以下几个特征，示例如图4-9所示。

- 每行代表一组用户，队列的名称在第一列（例如2021年1月）。
- 每列代表队列创建后的第几个月（第0个月是注册月份）。
- 每个单元格中的值为相对于前一个月的流失率或留存率。

图4-9 队列分析

队列分析可以帮助我们找到以下问题的答案。

- ❑ 在客户生命周期的哪个阶段客户流失率最高。
- ❑ 在什么时间段后流失会稳定下来。

针对流失率高的地方，例如第1个月和第2个月，我们应先采取适当的改善行动。然后查看和跟踪后面的队列在第1个月和第2个月的流失情况，这样就可以从数据上直观地看出我们的行动是否产生了积极的影响。

4.3　本章小结

本章我们详细了解了SaaS常见的5类核心指标，即经常性收入、客户终生价值、获客成本、平均客户收入和流失。经常性收入呈现了SaaS业务的现金流状况，客户终生价值代表业务的盈利能力，获客成本可对渠道进行有效的判断，平均客户收入反应了客户的消费水平，流失则预示着SaaS业务的可持续性。这些数据指标在有效呈现当前业务现状的同时，也向我们透露了可能存在的机会。当然，这些指标数据也是验证方案有效性的度量器。

第二部分

SaaS 获客

如果你想造一艘船,别鼓动人们去收集木材,别给他们派这活那活,只要教他们渴望大海就好了。

——《小王子》,安托万·德·圣-埃克苏佩里

客户是商业持续运转的基础。在 SaaS 中,我们需要将产品展示在潜在客户面前,吸引他们与我们进一步互动,以此为接下来的订阅转化打下基础。

第二部分我将详细介绍 SaaS 获客的本质、获客框架的组成模块、持续优化的入手角度以及一些需要警惕的观点。

第 5 章 CHAPTER

SaaS 产品的转化本质

企业级 SaaS 的客户是理性的,他们是为了解决某些诉求而订阅产品和服务的。我们无法仅通过感性的设计去完成这一任务,而是要找到 SaaS 客户转化的本质,看清 SaaS 网站设计的路径和方法。

本章我们将运用逆向工程进行反向推导,找出客户转化的本质以及在设计时需要考虑的内容。

5.1 逆向工程与 SaaS 获客

在介绍 SaaS 获客之前,我们需要普及一个概念——逆向工程。

维基百科对逆向工程的介绍是,逆向工程又称反向工程,是一种技术过程,即对一项目标产品进行逆向分析及研究,从而演绎并得出该产品的处理流程、组织结构、功能、性能、规格等设计要素。

简单地说,逆向工程通过对结果进行拆解和分析,反向推理其过程，从而获得近似结果。在 SaaS 中，我们也可以通过逆向推演来探寻客户转化的本质。具体来说，就是从现有的最佳客户出发，了解他们的痛点、诉求和异议，分析是什么原因让他们选择我们而不是竞争对手的产品，然后使用他们的语言去描述和表达，从而吸引和转化与现有客户相似的目标对象。

5.2　确定最佳客户

我们的产品和服务不可能满足所有人的需求，当然也不是所有人都需要我们的产品和服务。只有真正契合的客户，才能从产品中获益，并为我们带来持续的收入。在进行逆向推演之前，我们需要确定研究对象——最佳客户。

5.2.1　最佳客户的价值

从最佳客户的角度出发，我们可以明确自己在市场上的定位、要解决的问题和所服务的对象。对此进行"大声"的宣传，不仅有利于提高转化率，还能够带来持续的收入。毕竟被吸引的对象，就是我们产品的目标客户。

下面通过一个示例帮助读者直观体会最佳客户的展现方式。会计应用 FreshBooks 在网站的首页明确说明了自己的服务对象——小型企业，如图 5-1 所示。

5.2.2　寻找最佳客户

那么最佳客户在哪里呢？这就需要我们从数据库和聊天记录中找出他们。

- ❑ 忠实的老客户，即正在使用并持续付费的客户，他们从我们的产品或服务中不断获益。

❑ 积极主动的客户,即和我们频繁沟通,帮助我们不断改进产品或服务的客户。
❑ 占据我们 80% 收入的 20% 客户,他们是高价值的客户群体。

图 5-1　FreshBooks 主页

列出上述客户清单后,看一看他们有什么共同特征,如行业、规模、地域、诉求。从这些统计结果中我们或多或少能获取一些明显的见解。

以演示应用 Prezi 为例,其官网主页通过引用研究证明指明了产品是什么(比 PowerPoint 更好的软件)、服务的目标对象(以前使用 PowerPoint 的人)和自身优势(吸引力、说服力和效率),如图 5-2 所示。

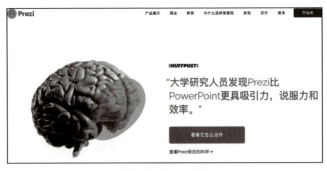

图 5-2　Prezi 主页

5.3 客户订阅的原因

我们可以通过社交软件、电话咨询或上门拜访的方式去亲自问一问最佳客户为什么订阅。

我们可以向最佳客户询问以下问题。

- ❏ 产品帮助他们解决了什么问题。
- ❏ 该问题背后的期待和根本诉求是什么。
- ❏ 是否尝试过其他方式或者竞品。
- ❏ 觉得竞品有什么比较好的地方或者不满意的地方。
- ❏ 是什么原因选择了我们。

我们来看 SEO 应用 Ahrefs 是如何吸引客户的。Ahrefs 首页简单地表达出了潜在客户订阅的理由，即无须成为专业人士也可以获得较高的搜索排名，并以此获得更多的流量，如图 5-3 所示。

图 5-3　Ahrefs 主页

5.3.1 客户面临的问题

厘清客户所面临的问题，主要有以下 3 点好处。

- ❏ 增加行动力：通过揭示问题的严重性，增加客户改变现状的动力。

❏ 建立心理连接：表明我们了解他们的现状和问题所在。被他人理解时，也会不自觉地给予对方信任。

❏ 顺利引出解决方案：进一步凸显方案的价值以及存在的合理性。

只有当我们清晰地了解客户为什么买单（他们的问题和诉求），在进行网站或内容设计时，才能够清晰地表达出来，让潜在客户浏览网站时就像找到了知己一般，相信我们提供的方案能够解决他们面临的问题。

项目管理应用 Basecamp 的主页通过使用前后对比凸显了 Basecamp 的价值，以此激发潜在客户尝试的动力，如图 5-4 所示。

图 5-4　Basecamp 与其他解决方案的对比

5.3.2　客户问题带来的糟糕影响

如果只是指出问题，潜在客户不一定觉得解决该问题是必要和紧急的。描述问题会产生的糟糕影响，才可以更好地推动客户采取行动。因为糟糕的影响通常比问题本身更能让人明确行动的价值。

例如，营销转化工具时可以这样宣传：糟糕的流量转化（问题），投的钱等于打水漂（糟糕的影响）。营销项目管理应用时可以这样宣传：项目总是延期（问题），无法拿到尾款（糟糕的影响）。

指出问题的同时描述问题会产生的糟糕影响，一方面可以为产品和服务提供更加被需要的环境，另一方面也可以更好地映射出解决问题所带来的价值和收益。

5.4 客户注册前的纠结

我们再往后退一步，看一看潜在客户在注册我们的网站前会纠结什么，是什么最终使得他们进行了注册，又或者因为什么而没有注册。

首先，要确定潜在客户是否能够理解我们网站所表达的内容。这一点非常重要，可以说再怎么强调都不为过。当人们不能理解时，采取行动的可能性就会很低。

这是什么产品？它能解决什么问题？可以带来什么价值？当我们能够清楚地回答这些问题时，就跨出了网站设计的第一步。

以在线电话应用 CallPage 为例。其主页从 Logo、名称到标题内的关键词（网站、销售线索、致电等），都清晰地呈现出了产品是什么以及可以带来怎样的价值。此外，通过场景图也清晰地解释了什么是 CallPage，如图 5-5 所示。

我们在设计落地页时还需要关注以下几个方面。

- ❑ 承诺成本：所有的行动都有成本，降低潜在客户的投入成本是让他们采取行动的有效措施之一。我们常会看到"免费试用"的字眼，甚至 1 个月内无理由退款的承诺。
- ❑ 是否在预算内：企业采购都会有一定的预算，潜在客户也会关心价格。那么对于价格，需要遮遮掩掩吗？大可不必。不管我们的价格是高于同行还是低于同行，都可以采取针对性策略。如果价格高于同行，可以定位于高端客户或呈现全链路的解决方案；如果价格低于同行，则应明显突出价格优势，并树立价优货好的形象；如果不标明价格，应清楚地说明原因和理由，例如需要基于客户需求，敲定方案后才能确定报价。

☐ 是否适合我：没有人想做实验室的小白鼠。潜在客户通常会关注同行们有没有在用，知名的企业有没有在用，我们可按行业罗列客户名单，以知名度进行排列，从而消除潜在客户的疑虑。如果这些都没有怎么办？那么可以详细地罗列产品亮点以及客户使用后能够获得的价值。

图 5-5　CallPage 主页

图 5-6 所示是在线会议应用 Zoom 的主页。Zoom 通过展示第

三方评价和客户案例，来消除潜在客户试用前的顾虑。

图 5-6　Zoom 客户评价

最后，关于其他方面的客户疑虑，我们还可以采取以下 2 种方式消除。

- 多和销售进行沟通：了解潜在客户在付费订阅前会询问什么、关心什么。
- 查看客户支持的聊天或工单记录：通过跟踪统计，找出常见问题以及异议。
- 客户关心的就是我们需要特别留意以及呈现表达的。

5.5　客户描述的语言

在企业级领域，我们要谨记讲客户的语言。高大空洞的名词能够发挥的作用十分有限，毕竟对于看不到预期结果的宣传，客户是很难理解和想象的，自然更不可能被打动。

我们在和客户交谈时，应该多听听他们如何描述问题和工作内容。例如，客户可能描述的是"我希望可以取代人工，毕竟 8 个客服人员的支出每月要好几万元"。如果我们网站的描述为"超乎想象的智能体验，AI 时代已经来临"，那么仔细品一品就会发现，客户的描述是直接且具体的，而后者的描述并没有表达出 AI 对于客户的价值。

从客户的角度而不是我们的角度出发，使用客户能够理解的语言来描述问题并阐明产品优势，是进行 SaaS 网站或产品设计时非常重要的准则之一。

此外，面对客户，我们还可以询问：如果推荐我们的产品，你会怎么介绍。这个问题可以帮助我们了解客户是如何看待我们的，和我们对自己的描述是否一致。客户回答不上来也没有关系，我们可以事前准备几个答案。这样做主要出于以下 2 点考虑。

- 在客户实在回答不了时，供他们选择更符合他们想法的描述。
- 有时备选项可以帮助我们激发客户思考，从而表达出他们想说的内容。

A/B 测试应用 AdOptics 通过具体的数字描述，很好地向客户传达了产品能够给他们带来的价值，如图 5-7 所示。

图 5-7　AdOptics 主页

5.6 本章小结

本章我们运用逆向工程寻找客户转化的本质，即从最佳客户出发，确定他们的痛点、诉求和异议，找出是什么原因促使他们选择我们而不是竞争对手的产品，然后使用客户的语言去描述和表达，从而吸引和转化潜在的目标客户。

第 6 章 CHAPTER

SaaS 网站获客框架的 5 个模块

第 5 章介绍了如何通过逆向工程方法，找到客户转化的本质以及网站设计所需的内容。本章介绍一些"套路"，即网站内容应该如何呈现，才能更好地将当前正在浏览网站的访客转化为订阅客户。

微软在 2015 年的一项研究表明，人类的平均注意力持续时间已不足 8 秒，比 2000 年下降了 33%。时至今日，人们的注意力可能会更加短暂。有策略地组织和呈现网站内容是绝对有必要的。

我们需要强调的是，企业级 SaaS 客户是理性的，他们只会为了满足诉求而付费。我在这一认知的基础上，结合相关心理学、故事框架以及行为模型，从大量优秀的 SaaS 网站中汲取经验，搭建出了可以有效转化网站访客的落地页框架。

该框架主要由以下 5 个模块组成。

- 第一印象
- 讲故事
- 更多筹码
- 社会认同
- 触发器

套用框架可以在搭建 SaaS 落地页时节省大量的时间，特别是在团队成员没有足够实践经验的情况下，该框架不仅提供了可行方案，还能让人快速上手并获得不错的效果。

需要声明的是，本章介绍的框架是通过对最佳实践的提取，得到的普遍适用方案，在实际应用过程中，当我们有足够且恰当的理由时，可对其进行调整、部分舍弃甚至颠覆。

6.1 第一印象

第一印象效应也称首因效应，指第一印象对今后的认知会产生"先入为主"的影响。在落地页中，访客的第一印象就是网站的首屏，即无须滑动就可完整看到的内容。此外，尼尔森在 2018 年的相关研究表明，人们大约将 74% 的观看时间花在前两屏的内容上，其中首屏的内容最受关注，占总观看时间的 57%。由此可见首屏对网站设计的重要性。

在首屏的设计中，我们除了需要关注内容本身，还需要留意它们所占的屏高（网页内容的高度与屏幕视窗的关系，例如 1/4 屏或者 2 屏）。毕竟内容靠下，需要访客滑动才能看见。我们可以通过第三方热图工具，例如 Crazyegg、Smartlook、Hotjar 等，确定访客设备的平均首屏高度。

在 SaaS 落地页中，首屏通常包含以下重要的内容。
- 标题
- 副标题
- CTA
- 图片或视频
- 社会认同

6.1.1 标题

因为标题可能是访问者唯一阅读的内容，所以它要足够大和清晰，且能够很好地传达产品或服务的价值主张。

当访问者第一次进入落地页，脑海里会生产一系列的问题。
- 这是什么？
- 它能解决什么问题？
- 它跟我有关系吗？

我们可以根据以下内容来组织标题。
- 我们的产品或服务是什么？
- 我们的产品目标受众是谁？
- 潜在客户的目标和愿景是什么？

调查和反馈应用 Qualaroo 的主页就采用了第一种方式组织标题，如图 6-1 所示。

社会认同应用 ProveSource 的主页采用了产品是什么＋能做到什么（基于目标客户的诉求和愿景）的方式组织标题，如图 6-2 所示。

无须后端开发即可提交表单数据的 Basin 采用了受众＋产品是什么的方式组织标题，如图 6-3 所示。

图 6-1 Qualaroo 主页

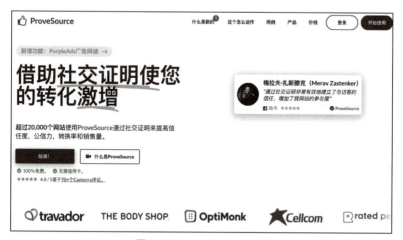

图 6-2 ProveSource 主页

图 6-3　Basin 主页

在线电话应用 LiveCall 通过具象的数据结果，传达产品能做到什么（基于目标客户的诉求和愿景），如图 6-4 所示。

图 6-4　LiveCall 主页

因为人类的阅读方式具有跳跃性的一面，所以上述案例在标题上使用颜色、下划线、加粗等方式来凸显部分内容，使得重点且需要引起注意的内容可以更快地传递出来。

6.1.2　副标题

标题通常是精炼的，而副标题则多用于补充说明或传递其他相关内容。同样，这也符合人们阅读理解和生活习惯。副标题在设计上，应尽量避免大量文字堆砌在一起，可以采用分点的方式，这样人们获取信息时也会更加高效。当然，如果我们的标题足以传达所有的内容，副标题也并非是必须的。

云呼叫应用 Aircall 主页的副标题进一步阐述了"现代企业电话系统"到底是什么样的，如图 6-5 所示。

图 6-5　Aircall 主页

社交分享应用 Addthis 通过副标题进一步佐证标题所传达的承诺，即通过 Addthis 可以将客户网站的访客转变为参与的客户，如图 6-6 所示。

图 6-6　Addthis 主页

6.1.3 CTA

CTA（Call to Action）指呼吁和引导访客采取行动，例如注册、演示、观看视频、预览体验等。CTA 按钮的颜色通常与背景有明显的区分，以便能够引起人们的注意，而不至于在视觉上被访问者忽略。

文案同样也非常重要，文案内容最好能够鼓舞人心。例如"注册"二字就没有"免费试用 14 天"让人更有行动力。同时，在文案的设计结构上可以采用动名词或者第一人称的方式，推动访客采取行动。例如"免费试用"，可以调整为"立即免费试用"或者"开始我的免费试用"。

通常来说，获得报酬和投入成本的正向差值决定了吸引力。CTA 在整体设计上，应该是给人一种看上去只需付出很小努力便可获得较大回报的模样，以此来提升吸引力。

智能机器人应用 ChatBot 主页的 CTA 按钮使用了醒目的红色，在整个画面中特别明显。同时，页面提供了立即输入的区域，方便访客注册，且在输入框下方提示免费试用 14 天和无需绑卡的说明，降低试用成本并打消潜在客户的疑虑，如图 6-7 所示。

图 6-7　ChatBot 主页

SEO 应用 Ahrefs 主页的 CTA 按钮采用了对比色，硕大的亮色按钮凸显在深色背景中。在文案设计上，"7 美元的价格试用 7 天"也很具有吸引力，并通过极低的价格排除了不会真正付费转化的客户。同时，由于是付费试用，因此客户在使用时会比免费试用更加重视，从而投入更多的精力和耐心，也使得这样的客户更有可能获取产品价值，并为后面的持续订阅奠定基础，如图 6-8 所示。

图 6-8　Ahrefs 主页

播客应用 Ghost 的主页除了主 CTA 以外，还提供了次要的 CTA（更低承诺）。让原先的"命令题"变成了"选择题"，对于无法立即转化的客户，引导其浏览更多内容来进行教育，以此提高注册量，如图 6-9 所示。

图 6-9　Ghost 主页

交互原型应用 Overflow 通过次要的 CTA 提供在线示例，让潜在客户可以立即上手体验产品，并更加生动且快速地感受产品价值，如图 6-10 所示。

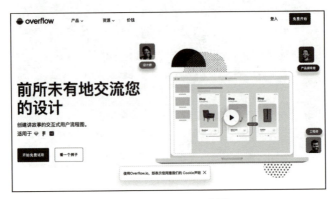

图 6-10 Overflow 主页

视频编辑应用 Wibbitz 通过次要的 CTA 提供视频解说，让潜在客户更加全面且生动地理解产品价值，如图 6-11 所示。

图 6-11 Wibbitz 主页

6.1.4 图片或视频

相比于文字，人们更容易相信看得见、摸得着的东西，有配图会使得首屏画面更具视觉吸引力。配图可以是静态的产品界面、产品的使用场景图,也可以是动态演示产品的使用方法(GIF 或视频)甚至是相关人物(公司高管或知名企业客户)的照片等。

当然,对于具体的画面,我们可以从以下 3 点进行考虑。

❏ 是否呼应标题内容,并视觉化地传达了价值主张。

❏ 是否反映品牌调性,并正确传达出品牌想要带给人们的感受,例如科技感、安全感和专业感。

❏ 是否实现了整体和谐,并呈现出画面的美感。

演示应用 Prezi 的主页通过直接播放用户使用的效果,来展示产品特征,形象、生动且令人信服,如图 6-12 所示。

图 6-12　Prezi 主页

团队协作应用 Monday 的主页通过呈现团队人员和项目进度的相关界面来呼应标题,如图 6-13 所示。

我们可以通过测试,找到适合自己的最佳呈现和表达方式。一些网站采用纯色无背景图的方式进行展示,例如团队协作应用 Missive 的主页就使用了纯白色背景,营造出干净整洁的视觉感受。此外,Missive 通过改变字体颜色并加粗的方式突出了关键词,使得访客的注意力被有效地引导到标题上,如图 6-14 所示。

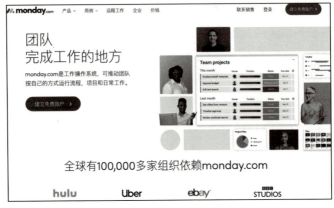

图 6-13　Monday 主页

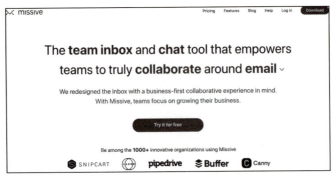

图 6-14　Missive 主页

6.1.5　最初社会认同

社会认同原理指的是人们经常依靠他人的行为来决定自己的行为。简单来说，就是人们倾向于做别人做过的事。在这里之所以被称为最初社会认同，是因为首屏的空间有限，无法展示过多的内容，这就决定了这里的社会认同内容会更加浓缩。

通常首屏可以展现以下内容。

❏ 产品拥有的客户量。

- ❑ 产品相关的统计信息。
- ❑ 知名客户或者目标市场的头部客户代表。
- ❑ 产品所获奖项。
- ❑ 第三方评测。
- ❑ 客户评价。
- ❑ 媒体报道。

体验管理应用 SurveySparrow 的主页通过展示客户量和知名客户代表来树立品牌形象,如图 6-15 所示。

图 6-15　SurveySparrow 主页

监控和数据分析应用 Smartlook 主页通过展示第三方平台的评价数据来体现最初的社会认同,如图 6-16 所示。

客服系统应用 53KF 通过展示经营时间、客户量和合作方,以及导航栏的实时订单和 CTA 下方的上月注册汇总量,来树立深受客户欢迎的行业领导者形象,如图 6-17 所示。

项目管理应用 Plutio 的主页通过展示福布斯报道和客户评价来树立产品形象,如图 6-18 所示。

图 6-16　Smartlook 主页

图 6-17　53KF 主页

图 6-18　Plutio 主页

6.2　讲故事

SaaS网站需要介绍产品优势，而苍白无力的内容缺乏吸引力，自然也就不利于转化。

从当今大受欢迎的电影、电视剧和综艺节目里可以发现，它们都有一个核心本质，即故事，它散发的魅力让观众投入并愿意为之买单。我们在SaaS网站设计中也可以加点"故事"的佐料。通过讲故事，不仅能够告诉潜在客户为什么需要该产品，还能让产品的介绍和叙述更有代入感和吸引力，从而与潜在客户产生情感互动，建立信任。

SaaS的故事内核总结下来有5个方面。
- 客户面临的问题（怪兽）。
- 问题带来的糟糕影响（破坏人类的家园）。
- 最佳解决方案（英雄）。
- 最佳解决方案是怎么运行的（超能力）。
- 最佳解决方案实现的效果（过上幸福平静的生活）。

这个故事就像一场"英雄"之旅，主角就是潜在客户。原先他们只是个普通人，生活在一个糟糕的世界，突然有一天，他们拥有了超能力，然后战胜困难，最终过上了幸福生活。

6.2.1　客户面临的问题

人们更加关心的是和自己利益相关的事情。在这一点上，SaaS客户尤为明显，他们是理性的，只为解决问题而付费。这段奇妙故事的开始，一定是源于现实的困境，且是他们真正关心的事情。

多合一协作应用Notion的主页通过反问的方式和巧妙的插画，让潜在客户在心中映射出肯定的答复：是的，太乱了。进而顺理成章地向他们推出解决方案，如图6-19所示。

图 6-19 Notion 主页

提案应用 Proposify 在主页列举了示例提案的混乱和复杂，让潜在客户意识到，他们急需一款产品来消除工作中的障碍，以便快速完成投标工作，如图 6-20 所示。

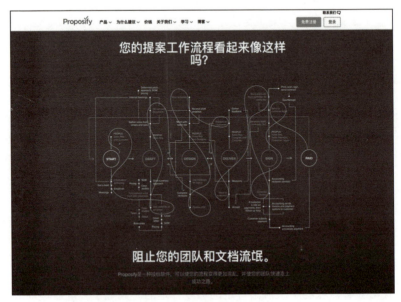

图 6-20 Proposify 主页

6.2.2　问题带来的糟糕影响

我们指出问题后，还需要清晰地说明问题带来的糟糕影响（客户不想要的结果）。一方面可以让潜在客户更深刻地了解问题，另一方面也能够引起他们更多的关注。就像病人去医院之前只知道自己不舒服的表面症状，例如咳嗽，经过医生的一番检查后，得知是由于长期吸烟所致。如果就此结束，病人回去后可能会依旧保持原来的生活习惯。而医生会从病人的长期健康出发，说明病情发展下去的危害和严重后果，从而引起病人的重视。

此外，有一点需要特别说明的是，不管是问题本身还是问题带来的影响，我们只有比客户看得更清楚、更透彻，客户才会相信我们接下来推出的解决方案。

客户管理应用 FLG 在主页罗列了潜在客户当前使用 Excel 和 CRM 管理线索（Excel 和 CRM）的种种问题和影响，以此顺利推出 FLG 的解决方案，如图 6-21 所示。

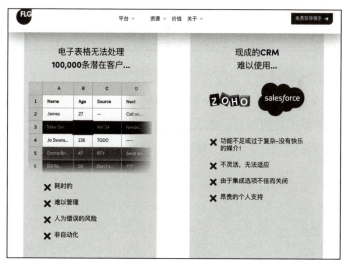

图 6-21　FLG 主页

Outseta 主页使用超大插图和详细文本阐述了对于创业团队而言，更有价值的事情是花时间投入在自己的市场上，而不是将精力花在集成多个工具上（问题），以至于错过市场机会（糟糕影响），如图 6-22 所示。

图 6-22　Outseta 主页

计费管理应用 Chargify 的主页列举管理收入的复杂性，如果不能有效解决计费问题，那么藏在水面下方的问题将会一个个暴露出来，最终影响整个 ToB SaaS 业务的经营，如图 6-23 所示。

6.2.3　呈现最佳解决方案

问题这头"怪兽"以及它带来的糟糕影响已经被我们揪了出来，是时候呼出"英雄"（最佳解决方案）了——通过展示美好愿景，将产品塑造成潜在客户心目中的最佳解决方案。

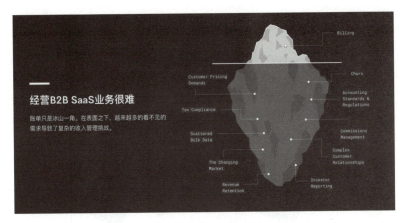

图 6-23　Chargify 主页

托管付款应用 Paddle 的主页通过形象的动画，既说明了问题也呈现了解决方案，表达通过该产品，可以将原先散乱在各处的账单、发票和税务进行整合，如图 6-24 所示。

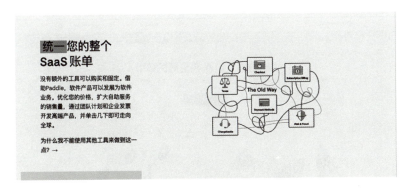

图 6-24　Paddle 主页

在线业务管理应用 Kajabi 主页通过前后对比，向潜在客户展示了开展线上业务可以采用的更好方式，如图 6-25 所示。

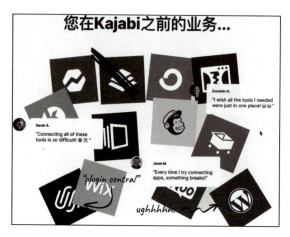

图 6-25　Kajabi 主页

客户管理应用 Freshworks 的主页通过前后对比，表达了 Freshsales 能够更好地满足销售人员的需求，而不是手忙脚乱地在多个应用之间切换，如图 6-26 所示。

图 6-26　Freshworks 主页

6.2.4 最佳解决方案是怎么运行的

仅展示使用产品后的美好结局当然是不够的,就像故事只有开头和结尾却没有过程,就索然无味了。我们还需要展示产品或服务是如何解决问题的,这样才能支撑我们的产品是最佳解决方案的观点。

管理应用 Bonsai 首先指出自由职业者开展业务时的混乱,然后针对各流程节点逐一介绍产品解决方案,以此让潜在客户相信自己的业务可以有序地开展,如图 6-27 所示。

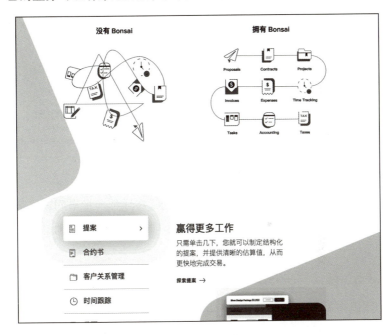

图 6-27　Bonsai 主页

笔记应用 Doit 基于首屏提出的观点,即 Doit 让笔记、项目、想法和协作井井有条,在当前页面的下一屏,逐一展示了产品的解决方案,如图 6-28 所示。

图 6-28 Doit 页面展示

订阅催款和参与分析应用 Baremetrics 在详细地指出问题之后，分步展示更好的解决方案，可以说真是"既懂你又爱你"，如图 6-29 所示。

6.2.5 最佳解决方案实现的效果

现在有了最佳解决方案，客户的使用结果如何呢？如果不能有效地展示使用效果，潜在客户怎么知道我们没有吹牛，不是王婆卖瓜自卖自夸呢？我们需要通过展示现有客户的使用结果和评价，来证明产品方案的有效性。

低代码应用 Synerise 通过展示客户案例和详细数据来证实其方案的有效性，如图 6-30 所示。

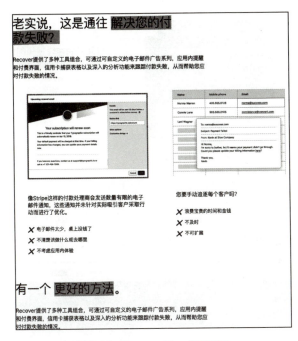

图 6-29　Baremetrics 页面展示

图 6-30　Synerise 页面展示

视频编辑应用 Wibbitz 在每一个方案的下方都展示了客户评价，以此增强解决方案的可信度，如图 6-31 所示。

图 6-31 Wibbitz 页面展示

弹框应用 Sleeknote 结合了上述两种方式，既在方案中展示客户评价和结果数据，又有专门的客户案例模块，如图 6-32 所示。

图 6-32 Sleeknote 页面展示

6.3 更多筹码

通过讲故事的方式,我们已经成功拉近了与潜在客户的距离,并建立了信任。潜在客户总会在选择我们还是选择竞争对手之间徘徊。更多筹码模块可以展示我们的更多面,即相对于其他竞争对手的独特优势,包括以下内容。

- ❏ 业务集成能力
- ❏ 更多功能
- ❏ 数据安全性
- ❏ 更好的客户服务
- ❏ 丰富的行业经验
- ❏ 同行交流社区
- ❏ 极低的迁移成本

6.3.1 业务集成能力

企业级 SaaS 产品通常是融入企业业务的某一个环节,如果能够与上下游的产品进行对接,则可以帮助企业更好地实现业务诉求,对于客户而言也更具吸引力。

沟通协作应用 Slack 通过集成更多企业应用,来帮助团队进行更好的协作,在其主页上对此进行了展示,如图 6-33 所示。

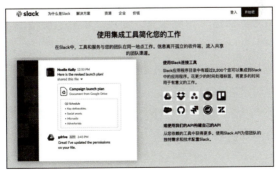

图 6-33 Slack 页面展示

订阅计费应用 Chargebee 在主页进行了这样一个承诺：Chargebee 会主动配合帮助客户进行更好的收入管理，如图 6-34 所示。

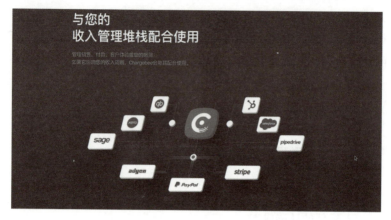

图 6-34　Chargebee 主页做出的承诺

6.3.2　更多功能

对于企业级应用的客户而言，产品的最终价值取决于可以帮助他们获取到的结果。在没有得到结果前，即使用前，客户关心的点总会偏向于当前产品拥有的功能以及能够获得的服务。在客户大脑里的直线逻辑便是，产品更多的功能＝拥有更多的服务＝可以获得想要的结果。从这个角度来看，通过展示更多的功能，也可以体现产品的强大和完整性。

营销应用 ActiveCampaign 就通过展示除邮件营销之外的附加功能来增强对潜在客户的吸引力，如图 6-35 所示。

行为分析和可视化应用 Hotjar 通过展示自己强大且完善的功能来增强对潜在客户的吸引力，如图 6-36 所示。

图 6-35　ActiveCampaign 页面展示

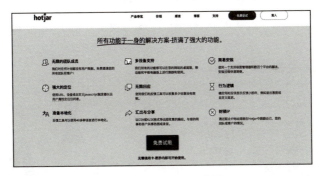

图 6-36　Hotjar 页面展示

6.3.3　数据安全性

企业经营数据是非常敏感的，特别是有关客户资料、财务信息和项目数据的内容。对于企业客户而言，数据安全性是非常重要的考量因素。

电子签名应用 SignNow 通过列举多方认证，来展现其数据安全性，如图 6-37 所示。

图 6-37　SignNow 页面展示

用户研究应用 Dovetail 的主页详细列举了针对数据安全所采取的措施，来保证客户数据在应用内的安全性，如图 6-38 所示。

图 6-38　Dovetail 页面展示

6.3.4　更好的客户服务

所有的客户都担心交完钱后，自己是否会变成弱势的一方，他们希望能够得到从一而终的良好服务。SaaS 厂商可以通过展示所拥有的专业服务团队，明确自己能够提供周到且及时的服务，以此打消潜在客户在订阅前的顾虑。

人力资源管理应用 Humi 通过展示服务团队成员的肖像、名字和职位，来表达服务的专业和贴心，以此建立客户的信任感，如图 6-39 所示。

图 6-39　Humi 页面展示

客户服务应用 HelpScout 在主页清晰地列举团队所能提供的服务，让潜在客户了解所能享受到的具体服务，如图 6-40 所示。

图 6-40　HelpScout 页面展示

电子邮件营销应用 MailerLite 主页通过列举详细的数据（服务时间、响应时长和过往满意度），让潜在客户了解 MailerLite 提供的服务是具有严格标准和要求的，从而向客户保证了服务质量，如图 6-41 所示。

图 6-41　MailerLite 页面展示

落地页搭建应用 Leadpages 除了展示服务内容，还通过客户评价来证明自己服务质量的真实性，如图 6-42 所示。

图 6-42　Leadpages 页面展示

6.3.5 丰富的行业经验

SaaS 提供的不仅是工具,更是行业的最佳解决方案。展示自己丰富的行业经验也是吸引企业买单的秘诀之一。

托管付费应用 Paddle 通过展示客户扩大经营规模所需的服务、支持和策略,来吸引潜在客户订阅,如图 6-43 所示。

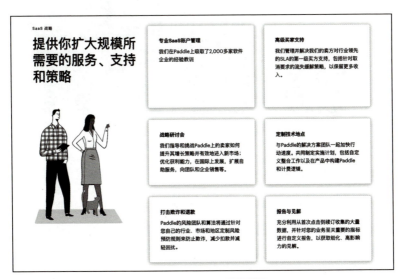

图 6-43　Paddle 页面展示

6.3.6 同行交流社区

企业同人类一样具有社群性,能够提供经验交流和人脉资源也是吸引企业订阅的优势。

网站转化应用 ConvertFlow 利用了社群价值的魅力和人的趋同性,来吸引潜在客户转化,如图 6-44 所示。

图 6-44　ConvertFlow 页面展示

6.3.7　极低的迁移成本

一旦潜在客户对我们提供的产品感兴趣，历史数据（例如 CRM 应用）就成了他们更换产品面临的主要障碍，特别是对于已经在使用竞品或者其他解决方案的潜在客户。解决办法就是通过提供便捷、成熟的迁移服务来打消客户对迁移成本的顾虑。

客户管理应用 Fundstack 的主页向客户展示了它们所拥有的丰富的迁移经验以及可以提供专家指导，以此来打消客户更换厂商时对数据迁移的担心，如图 6-45 所示。

呼叫中心应用 CloudTalk 主页告诉客户他们支持一键自动迁移，让潜在客户感知迁移数据是一件简单且轻松的事情，没有那么复杂，不需要投入人力或者长时间的等待，以此打消了潜在客户更换厂商时的顾虑，如图 6-46 所示。

图 6-45 Fundstack 页面展示

图 6-46 CloudTalk 页面展示

6.4 社会认同

《影响力》的作者罗伯特·西奥迪尼有句名言:"社会认同是说服人们采取某些行动(如购买产品或服务)时有力的方式之一。"简单来说,因为人们天生会对未知和不确定的事物产生恐惧感,所以更倾向于做别人做过且被证明有效的事情。

在 1969 年,Stanley Milgram、Leonard Bickman 和 Lawrence Berkowitz 进行了一项实验,研究在繁忙的纽约街道,抬头看楼的人对周围行人的影响。研究结果令人惊讶,当有 2 个及以上的人抬头仰望时,60% 甚至更多的行人也会抬头看。随着"刺激人群"数量的增加，越来越多的人会停下脚步抬头仰望。我们可以将社会认同定义为一种心理和社会现象，即我们的感受和行为会受到他人的影响。

在生活中，我们也可以找到很多相关案例。例如，在电商平台购买商品时，我们会看已购者的评价；在商业街选择餐厅时，空荡荡的餐馆总是让人怀疑是不是不好吃；明星代言的商品会给人一种熟悉感和信任感，等等。

在 SaaS 网站中，社会认同主要有 4 个类别。

- 客户：Logo、数量、评价、案例等。
- 第三方：机构认证、专家推荐、获奖情况、媒体报道、品牌合作等。
- 统计数据：产品数据等。
- 合作方：权威机构、知名企业等。

社会认同在 SaaS 网站落地页中，可以呈现在多个地方，例如首屏、故事模块等。通常我们还会独立设计一个专门的模块，用于展示更多且具体的内容。

6.4.1 客户

现有客户量、正面评价和使用数据，是产品最好的证明。

产品反馈应用 UserVoice 在网站页面中结合了客户案例、客户评价和知名客户 Logo，来展示产品的价值，如图 6-47 所示。

数字体验管理应用 Optimizely 通过客户案例和详细的数据来证明产品的使用效果，明确告诉潜在客户产品能够达到的具体效果，以此来建立良好的客户预期，如图 6-48 所示。

物流平台 ShipBob 在客户案例中，通过播放视频呈现更为真实的场景。潜在客户可以通过观看视频加深对产品的了解，也可以阅读简短的文字介绍了解产品能够带来的具体价值，如图 6-49 所示。

图 6-47 UserVoice 页面展示

图 6-48 Optimizely 页面展示

图 6-49 ShipBob 页面展示

人力资源管理应用 Gusto 通过展示大量的客户评价，让潜在客户被好评的氛围所包围，在其心目中建立良好的印象，如图 6-50 所示。

图 6-50 Gusto 页面展示

6.4.2 第三方

第三方指 SaaS 厂商以外的群体，相对于厂商地宣传，潜在客户会更加相信第三方（专业机构、媒体和专家等）的评价。

呼叫中心应用 CloudTalk 在主页通过汇总软件市场的总体评分来证明产品在市场上的良好形象，如图 6-51 所示。

图 6-51　CloudTalk 页面展示

VPN 应用 NordVPN 通过展示主流媒体的报道来表达其产品广受好评，如图 6-52 所示。

图 6-52　NordVPN 页面展示

对话智能应用 Chorus 通过直接展示奖章来表达其产品的优良品质和社会认可，如图 6-53 所示。

图 6-53　Chorus 页面展示

6.4.3 统计数据

通过展示详细的统计数据可以给人一种强大、稳定和受欢迎的感觉。

电子邮件营销应用 Privy 通过汇总客户分布、客户数量和销售数据，来证明产品的受欢迎程度，如图 6-54 所示。

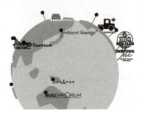

图 6-54　Privy 页面展示

推送通知应用 Batch 通过展示庞大的数据，来证明产品具备良好的性能和承接能力，如图 6-55 所示。

图 6-55　Batch 页面展示

销售管理应用 Pipedrive 通过展示各个方面的具体数据,来证明产品和服务所能提供的价值,且值得被客户信赖,如图 6-56 所示。

图 6-56　Pipedrive 页面展示

安全应用 Carbon Black 通过统计行业领导者的使用数量来证明产品在行业中的地位,如图 6-57 所示。

图 6-57　Carbon Black 页面展示

6.4.4 合作方

借助合作方的力量，我们可以传达自身的专业性和权威性。

学习管理应用 Instructure 通过展示已有合作的权威机构，来证明自身在教育领域的专业性，如图 6-58 所示。

图 6-58　Instructure 页面展示

商务旅行管理应用 TravelPerk 通过展示合作领域内的专业机构，来证明其自身服务的可靠性，如图 6-59 所示。

图 6-59　TravelPerk 页面展示

6.5　触发器

SaaS 网站的获客之道，都是围绕"转化"而言的，更直白地讲就是提升潜在目标客户的注册量。

在斯坦福大学行为科学家 BJ Fogg 提出的行为模型中，人们的行动主要由 3 个因素主导，即动机、能力和触发器。想促使访客在 SaaS 网站上完成注册，除了需要提升动机和降低能力要求之外，还需要设置能够触发访客行动的导火索。对于高动机的潜在客户，触发器设置得越明显，越能引导其采取行动。

时间跟踪应用 Hubstaff 主页的导航栏不会随着页面滚动而消失，无论访客浏览到哪里，总能找到注册的入口，如图 6-60 所示。

图 6-60　Hubstaff 页面展示

如图 6-61 所示是工作管理应用 Wrike 的主页，在页面滑动时，导航的右侧区域会出现输入框，访客输入邮箱便可注册。

图 6-61　Wrike 页面展示

对于低动机的潜在客户，则需要提供更多的"好处"使其低投入、低风险地采取行动。

触发器和社会认同一样，在 SaaS 网站落地页中可以呈现在多个地方，例如首屏、导航区域、社会认同模块等。也可以将触发器设置为独立的模块以促成转化。常见的触发器设置方式如下。

- ❑ 免费试用
- ❑ 资料下载
- ❑ 在线咨询
- ❑ 限时优惠
- ❑ 预览

6.5.1 免费试用

免费试用是 SaaS 企业获客最常用的手段之一。它在最大程度上降低了潜在客户的注册风险，即无须付费就能试用产品，这对于有需求的潜在客户而言具有极大的吸引力。

人力资源管理应用 Coalize 先引导客户输入邮箱，再跳转至注册页，这种步步引导的方式不会像一开始就展示大量的输入框一样吓走访问者，如图 6-62 所示。

图 6-62　Coalize 页面展示

在云呼叫中心应用 CloudTalk 的主页有免费试用且无须绑定信用卡的提示，客户在当前落地页填写信息并注册，无须跳转，如图 6-63 所示。

图 6-63　CloudTalk 页面展示

6.5.2　资料下载

资料就像诱饵，吸引着对它们感兴趣的潜在客户。SaaS 厂商可根据潜在客户所关心的内容投其所好，在获取线索的同时也培育了潜在客户。

视频创意应用 LiveReacting 在主页使用了退出弹框，在访客即将离开时弹出，通过提供免费资料来抓住最后的转化机会，如图 6-64 所示。

人们通常乐于比较以及打听别人的秘密，企业也是如此，FinancialForce 通过提供行业基准报告来获取潜在客户的线索，如图 6-65 所示。

图 6-64　LiveReacting 页面展示

图 6-65　FinancialForce 页面展示

客户成功应用 Gainsight 在主页通过向访客提供专业的指南来获取潜在客户线索，如图 6-66 所示。

图 6-66　Gainsight 页面展示

6.5.3 在线咨询

在线咨询可以让沉默的网站具有"说话"的能力,主要有以下 2 点作用。

- ❏ 主动沟通,引导访客转化。
- ❏ 即时回答潜在客户的疑惑。

客服系统应用 53KF 通过主页在线咨询服务,引导访客进行对话并留下线索,如图 6-67 所示。

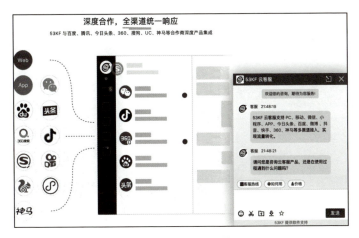

图 6-67　53KF 页面展示

6.5.4 限时优惠

限时优惠利用了人们厌恶损失的心理,因为不想错过眼前的优惠,所以进行注册。

会计应用 QuickBooks 就是通过限时优惠,来加速潜在客户的注册动作,如图 6-68 所示。

客户管理和营销自动化应用 Keap 通过会产生紧迫感的倒计时,来促使人们赶紧领取即将消失的"免费午餐",如图 6-69 所示。

图 6-68　QuickBooks 页面展示

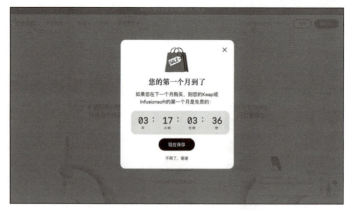

图 6-69　Keap 页面展示

6.5.5　预览

在线预览和模拟使用特别适合可以直观呈现使用效果的产品。

网站转化应用 Getsitecontrol 通过在线预览，让潜在客户直观地看到产品效果，同时在侧边列举卖点，以引导访客进行注册，如图 6-70 所示。

数据分析应用 Amplitude 使用了"立即浏览演示"字样而不是"注册"，对于潜在客户而言，投入成本和风险基本为 0，可谓具有强大的点击吸引力。进入落地页后，采用注册遮罩的方式呈现产品，由于前期已做投入，当前只差注册这一步，着实让人难以放弃，如图 6-71 所示。

图 6-70　Getsitecontrol 页面展示

图 6-71　Amplitude 页面展示

6.6　本章小结

本章介绍了我总结归纳的网站获客框架 5 个模块，帮助读者在进行 SaaS 网站设计时，拥有更加清晰的思路。着眼于真正重要且具有价值的地方，我们才能获得更多的客户。

| 第 7 章 | CHAPTER

SaaS 网站设计的 5 个方面

在完成整个网站的设计和开发后,我们进入优化阶段,通过持续迭代和反复改进来提升网站整体性能。

以下列举了 5 个 SaaS 网站设计的内容。

- ❏ 网站性能
- ❏ SEO
- ❏ 用户行为
- ❏ A/B 测试
- ❏ 访问数据

7.1 网站性能

使用 Web.dev 或 PageSpeed Insights 输入相关网址,点击审查,便可获得相应的检测报告和具体优化建议。之后,设计师就可以与开发人员一起，有针对性地进行改善，提升网站性能，如图 7-1 所示。

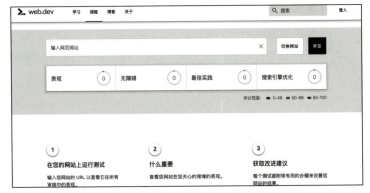

图 7-1　Web.dev 在线性能检测

设计师常见的优化工作，主要集中在以下两个方面。

1. 图片

- 格式：选择适合展示当前图片内容的格式（JPEG、PNG、SVG、GIF 等）。例如，JPG 格式适合展示彩色的照片，PNG 格式适合展示单色的图标，GIF 格式适合展示动态内容等。
- 体积：进行一定范围内（人眼可接受的角度）的压缩，以缩小图片大小。此外，我们还可以针对图片做兼容方案，优先采用 WebP 格式（2010 年由谷歌开发的图片格式，同等质量下相比 PNG 和 JPEG 格式拥有更小的体积，但当前部分浏览器还未支持），当遇到不兼容的浏览器时再使用 PNG 或者 JPEG 格式。
- 尺寸：针对不同端（电脑和手机）、不同分辨率（普通屏和高清屏）提供多套图片进行适配，以避免出现在低分辨率的屏幕上加载高清图的情况，既造成资源浪费又延长加载时间。

2. 可用性

- 色彩对比度：W3C（万维网联盟）建议，在视觉呈现上，文本与背景图像的对比度至少为 4.5：1，大型文本和图像的对比度至少为 3：1。
- 字体大小：PC 网页的字体大小一般不低于 12px，移动端的字体大小一般不小于 10pt。

7.2 SEO

很多设计师不能理解为什么要关注 SEO[○]。这好像超出了设计师职能范畴。其实网站的设计者需要服务于 2 个角色——潜在客户和搜索引擎。其中，搜索引擎优化中涵盖的部分内容也属于设计范围。作为设计师，我们可以使用一些简单易上手的工具，例如 Checkbot，输入网址即可对网站的 SEO、速度和安全性进行检测，查看报告中与设计相关的内容并优化，如图 7-2 所示。

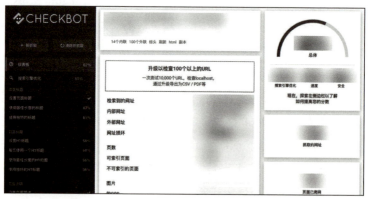

图 7-2　Checkbot 在线 SEO 检测

○ 搜索引擎优化（Search Engine Optimization，SEO）利用搜索引擎的规则来提高网站的自然排名。

例如，常被设计师忽略的图片 Title 和 Alt 属性。因为搜索引擎无法理解图片内容，所以需要对图片的 Title（描述性标题）和 Alt（可替代文本，图片加载失败时显示）进行描述。此外，还要考虑到网页内容是否使用 Header Tags 进行组织。如图 7-3 所示，在设计交付中，我们需要明确地定义 H1～H3（如果不够，还可以继续添加到 H4、H5 等）要体现的内容，否则前端工程师查看设计稿时只会理解为不同字号而已。虽然呈现的结果看上去并没有什么区别，但对搜索引擎的友好程度是大为不同的。

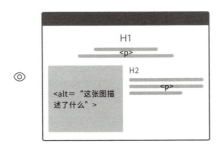 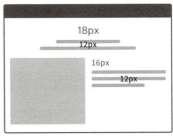

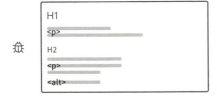 

图 7-3 视觉效果好像一样，对搜索引擎的友好程度是不一样的

同时，我们还需要向百度搜索平台和 Google Search Console 提交站点信息、网站链接等内容，以保证网站能够被搜索引擎收录，并在搜索结果页上呈现更好的效果，如图 7-4、图 7-5 所示。

| 第二部分　SaaS 获客 |

图 7-4　百度搜索平台站点属性设置

图 7-5　Google Search Console 站点地图提交

7.3　用户行为

　　市场上有很多记录和分析用户行为的工具，如 Smartlook、

Hotjar、Mouseflow,它们提供了点击热图、滚动热图、屏幕录制以及信息统计(例如设备、流量、平均浏览时长等)的功能。

点击热图功能是将访客在网站上点击的位置通过热图进行显示,点击量越多,颜色越深,直观地向我们呈现了访客经常点击的模块和聚焦的内容。

图 7-6 所示是一个单页面网站,Logo 区域是不可点击的,我们发现依然有浏览者对其进行了点击操作。同时,通过热图可以发现,人们对价格的关注度最高。基于这样的观察,我们就可以在价格模块上着重设计,凸显价格优势,并安排相应的转化引导。

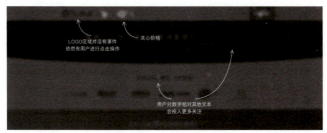

图 7-6　点击热图分析

滚动热图,即访客浏览的主要范围。在此范围外,访客将不再继续滚动页面,即绝大多数访客放弃操作的位置。滚动热图可以帮助我们很好地了解内容安排的合理性以及吸引力。

顾名思义,屏幕录制就是录制访客的屏幕。我们可以回放观看访客在网站上的操作行为。例如误操作和愤怒点击,通过查看屏幕录制视频我们可以更加清楚当时发生的情况,如图 7-7、图 7-8 所示。

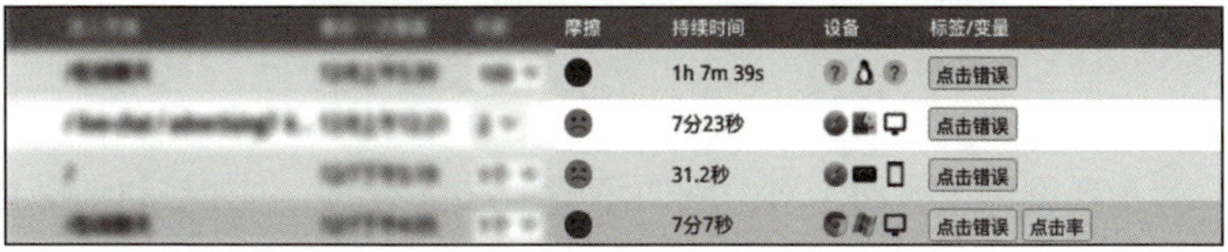

图 7-7　屏幕录制记录

图 7-8 观看访客行为

7.4 A/B 测试

A/B 测试在设计领域多用于方案的对比和验证,并通过统计行为数据进行分析与判断。Google Optimize 是一款免费的网站优化工具,可以进行 A/B 测试、多元测试和重定向测试,如图 7-9 所示。

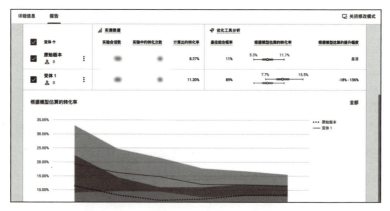

图 7-9 Google Optimize A/B 测试

A/B 测试主要用于对一到两个变量进行测试,例如按钮的颜色选择、文案编写等。Google Optimize 提供了浏览器插件,可以对要测试的原始版本进行在线修改，保存后便生成了变体，设计师可以自主完成相关测试的设置。

多元测试是对两个及以上元素或模块的组合进行测试，从而确定多个变量的有效组合。以首屏的文案和配图为例，假如现在有 2 个文案和 3 张图片，就拥有了 6 套组合，我们可以对其进行多元测试，找出最佳组合。

重定向测试主要针对差别很大的方案，并对不同的方案配置不同的 URL。例如，要对某个产品的介绍页进行改版，当访客通过首页进入产品页时，随机分配到不同版本的页面。通过相关数据的对比，我们就可以评判出哪个版本的页面更有助于转化。

7.5 访问数据

网站数据统计可以帮助我们对网站的情况有一个大概的了解，例如访客来源、使用的设备、访问路径等信息。Google Analytics 应该是大家最为常用的工具，功能强大且免费。其中行为流功能可以帮助我们记录用户的行为路径以及页面的漏损情况，如图 7-10 所示。

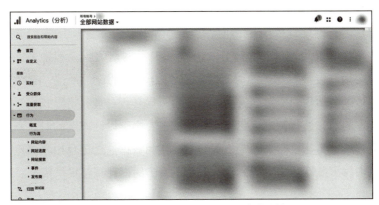

图 7-10　Google Analytics 行为流功能

目标是另一个经常被用到的功能。设定后，Google Analytics 会统计达成目标的数据，例如以首页→产品页→注册页的流程操作完成数据，如图 7-11 所示。

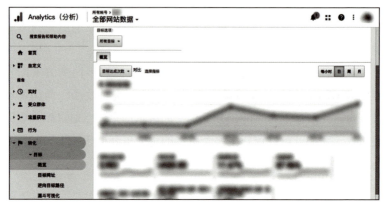

图 7-11　Google Analytics 目标功能

7.6　本章小结

本章我们从网站设计的 5 个方面进行了探讨，即网站性能、SEO（搜索引擎优化）、用户行为、A/B 测试和访问数据。

因为网站性能决定了内容加载和呈现的速度，所以我们要做好图片和可用性的优化工作。SEO 影响了网站的收录和排名，我们在做好设计表达的同时也要做好 SEO 相关的设计规范。行为检测可以帮助我们了解当前网站的内容布局是否合理，指导我们对不合理的地方进行调整优化。A/B 测试主要用于设计方案的对比和验证，通过实际数据来敲定更优方案。访问数据通过记录用户浏览路径来找出最佳转化的行为流，并为下一步的设计调整提供依据。

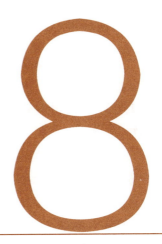

第 8 章 | CHAPTER

SaaS 网站设计的误区

在 SaaS 领域的网站设计中，经常会看到一些错误的观点。这些观点，会将我们带到错误的方向上，与我们真正想要达到的目标背道而驰。

本章介绍 SaaS 网站设计的误区，帮助读者避免被这些观点所左右，从而着眼于重要的事情上。这些误区可以归纳为以下 5 个方面。

- 迷信大公司的官网。
- 仅以注册量评判网站获客能力。
- 小流量也做 A/B 测试。
- 迷恋小改动大回报。
- 追赶设计趋势而忘记获客的本质。

8.1 迷信大公司的官网

在商业领域，大企业对于中小企业而言，天然就具有吸引力，大家都会向成功的、出名的企业取经学习。这些大企业通过每年投入大量的广告和市场营销费用，来获得知名度和影响力，从而让人们知道它们是谁，是干什么的。

这些大公司有的出生就含着金汤匙，有名人站位、有噱头做宣传，同时还拥有大量的渠道资源进行获客。因为网站并不是它们获客的主要方式，所以在网站获客的设计上并不适合中小企业去模仿和学习。毕竟，它们的客户只是为了下载某应用而登录网站的，并不是因为网站的设计巧妙而下载某应用。

8.2 仅以注册量评判网站获客能力

假设有两个业务性质相同的网站，A 网站每月注册量为 1000 个，B 网站每月注册量为 500 个，如果单从注册量而言，我们会觉得 A 网站的获客能力更强。

假如 A 网站的渠道总投入成本是 100 000 元，那么获取单个注册用户的成本就是 100 元，B 网站的渠道总投入成本是 20 000 元，单个注册用户的成本就是 40 元。从注册用户的成本方面进行比较，我们又会觉得 B 网站的获客能力更强。

再假如两个网站的客户付费率分别为 10% 和 4%，即 A 网站最终转化了 100 个客户，B 网站最终转化了 20 客户，那么两个网站的客户成本均为 1000 元（未计算销售人力的成本）。这时候，我们又会觉得两个网站的获客能力是一样的。

可见对于 SaaS 网站而言，仅通过注册量来评判网站获客能力是不够的，我们还需要结合注册用户的成本和最终客户转化成本进行综合比较。如果只是一味地追求注册量，而不考虑网站所吸引的访客是否是自己的目标客户，那么最终客户转化的成本可能会高得吓人，毕竟我们需要投入大量的渠道成本以及招聘和组建团队来为每一个注册用户服务。

8.3 小流量也做 A/B 测试

A/B 测试即对单个或较少元素差异的两个样本进行实际跑量测试，并根据数据结果确定更优方案。

在崇尚"数据"的时代，A/B 测试可谓"当红小生"。使用 A/B 测试是有一个前提的，即拥有充足的样本量。在样本不足的情况下，数据会很容易被其他因素所左右，且影响很大，致使测试结果无法成为评判方案好坏的依据。

例如，某网站每月的注册量为 1000 个，A 设计方案比 B 设计方案多 2% 的注册量，也就是 20 个。此时，我们不能肯定地说 A 设计方案就好于 B 设计方案。因为某个代理商的引流可能直接影响了测试结果，所以在流量较小的情况下，A/B 测试的结果很难作为评判依据。采用定性研究的方式进行网站设计和优化，则有可能会带来更加准确的结果。

在进行 A/B 测试时，还有一点需要注意，A/B 测试是一种微观优化，这种"精打细算"如果不是建立在较好的设计基础上，那么我们可能只是一直在一个较差的版本上浪费时间而已。

8.4 迷恋小改动大回报

我们经常会听到一些传奇故事，例如通过改变某一个 CTA 的颜色或文案内容，注册量就提升了百分之几十甚至几百。要知道，如果当前网站整体设计不够优秀，那么这样的事情是很难发生的。

这就好比时装，穿得好不好看，还得看人的颜值、身材、气质，毕竟只有更底层的支撑，才能呈现出产品的吸引力。

"小改变大回报"所带来的诱惑力，很容易让人陷入表面而丢失本质。这样的故事，通常也很少能够帮助我们获得同样的结果。在第 5 章我们讲过 SaaS 客户是理性的，他们是为了解决某些诉求而订阅产品和服务的。巨大回报的基础是基于客户角度进行网站设计，例如采用客户熟悉的语言描述他们正在面临的问题以及为此付出的代价、罗列解决方案的特性和收益、打消客户注册前的疑虑、呈现社会认同等，从而有效转化潜在目标客户。

8.5　追赶设计趋势而忘记获客的本质

原苹果首席设计官乔纳森·埃维曾说过："一直以来，我们都坚信设计远远不只关乎外观。我们应该着眼于整体，注重设计在不同层面发挥的作用。"

"如今改好看"成了很多网站改版的第一驱动力。虽然颜值也是生产力，但别忘了科学才是第一生产力。

让网站变得"好看"，确实是设计师的强项之一，然而过于追求迎合设计趋势，却不深入了解 SaaS 网站获客的底层逻辑，难免会被扣上"花瓶"的帽子。如同插画和 C4D 对 SaaS 网站的设计来说并没有那么重要，使用能够建立信任感的真人照，或许是更为有效的表现形式。如果产品设计师不能让非设计专业的领导了解到设计的思考过程和判断依据，就难怪他们要求把网站改得再好看点了，最终迷失在各种网站设计样式和风格之中。

通过网站的设计呈现，让我们重新去认识客户，了解客户如何看待产品了解他们的思考和表达方式，从而由内（最佳客户和解决方案）向外（网站设计）地散发"转化魅力"，以便更好地完成

SaaS 网站设计的使命——获客。

8.6 本章小结

本章我们探讨了 SaaS 网站设计的 5 个误区，以避免在进行 SaaS 网站设计时误入歧途。我们要理性看待大公司的网站，有时候它们的网站设计并不适合所有人拿来参考，我们需要辩证地看待其适用范围和情况，而非盲目崇拜。由于 SaaS 的特性，通过用注册量＋付费转化情况来综合判断网站获客能力才更加客观。关于 A/B 测试，我们需要明确其使用条件，要知道，较小体量的数据是很难作为判断依据的。对于小改动得到巨大回报，其本质是建立在网站整体设计优秀的基础上的，万不可为了芝麻而丢了西瓜。在潮流快速变化的时代下，设计趋势可谓苍狗白衣，在追赶设计趋势时不能忘记设计 SaaS 网站的根本目的——获客。

第三部分
SaaS Onboarding

在《与运气竞争》一书中有这样一句话:"用户并非是在购买产品或服务,而是将产品或服务带入生活,以实现某种进步。"在整个用户旅程中,最为关键的是加入试用的那一刻,因为这是用户与产品关系真正开始的时刻。

常言道,良好的开端,等于成功了一半。SaaS 试用阶段对用户的留存有很大的影响。在多数情况下,如果用户无法在短时间内获得他们想要的价值,他们将不再继续探究下去,甚至再也不会回来。

在第三部分,我们将详细介绍 SaaS Onboarding,首先建立正确的认识,接着掌握落地框架,然后学习常用范式,最后运用行为模型。

第 9 章 CHAPTER

正确认识 SaaS Onboarding

视角决定认知，认知指导行为。本章我们将具体了解 SaaS Onboarding 的背景、概念、阶段、价值以及趋势。

9.1 Onboarding 的背景

通过了解 Onboarding 的背景，我们可以更好地理解它的价值以及延伸意义。虽说英雄不问出处，但英雄总得自报家门。

1. 员工 Onboarding

Onboarding 这一概念源于人力资源行业，作用是帮助员工及时适应新的工作环境，并让他们了解公司的使命、价值观和岗位职责，同时还为他们提供所需的知识、技能和工具，便于他们在公司内尽早做出贡献并取得成功。

人力资源为什么重视 Onboarding 呢？录用一名新员工，公司需要花费大量的精力和成本，如果该员工无法融入工作环境，甚至中途离职，不仅会损失前期投入，还会对业务发展造成影响。更为糟糕的是，还得继续投入新一轮的招聘。

2. SaaS Onboarding

同样的道理，回到 SaaS 行业，我们在流量上投入大量的精力和资源，千辛万苦地将访客引导到落地页并吸引他们注册，而很多潜在客户试用产品后却再也没有回来。这让我们意识到一个问题：不管获取多少新用户，如果不能把他们留下来，一切努力都是白费的。毕竟 SaaS 业务依赖于经常性收入，流失对于业务的发展可谓是巨大的黑洞，吞噬了我们之前投入的精力和资源。

我们除了在获客、产品功能和质量上投入精力外，完善和优化客户 Onboarding 也是不可忽视的工作重点。

9.2 SaaS Onboarding 的定义

关于 SaaS Onboarding 的定义，其实并没有一个官方的说法。为了让读者较为准确地认识 SaaS Onboarding，下面将从 2 个角度进行介绍，并对其进行定义。

9.2.1 持续交付与新手引导

在互联网领域，Onboarding 通常会被片面地理解为用户首次使用时的新手教学。然而，这只是 Onboarding 的一部分。除了新用户需要了解产品，现有客户也需要不断了解和使用更多功能，包括高级功能和刚刚发布的新功能，如图 9-1 所示。简单来讲，用户不熟悉产品或功能的时候，就是 Onboarding 应该出现的时候。

图 9-1 持续 Onboarding

在 SaaS 领域，我们需要将 Onboarding 放在整个客户的生命周期中，进行持续的价值交付，激励客户不断前行，使其深入和广泛地使用产品，最终促使他们成为忠实客户。

9.2.2 价值交付与功能介绍

我们可能会遇到这样的经历，注册完成后，进入产品：

1）嗨，欢迎使用我们的产品；

2）这是什么功能；

3）那是什么功能；

4）还有另外一个功能……

就这样，不断引导用户使用更多的功能。这对用户真的有价值吗？或许现实并非如此。

在设计 Onboarding 之前，我们需要明白用户使用产品的动机是什么，他们为什么要来面对一个不熟悉，甚至还需要学习的应用。

在第 5 章，我们探讨过这个问题，SaaS 的客户是理性的，是为了解决某些需求而订阅产品或服务的。设计良好的 Onboarding 首先需要弄清楚用户的使用动机。然后围绕产品与使用动机相关的特性来打造用户的使用体验，从而传达特定的产品价值，成功俘获用户的芳心。

简单来说，方法就是投其所好。毕竟用户越快地发现能够满足自身需求的产品价值，就越有可能继续使用。同时，我们不要高估通过功能介绍就被用户使用的可能性。功能介绍只是基于产品的角度，而非用户的角度，它既没有考虑当前功能是否满足用户需求，也没有考虑该功能对用户的目标而言是否具有价值。

Onboarding 应该从用户的目标出发来交付产品价值，而不是基于产品做功能层面的介绍。毕竟，精通软件从来都不是我们的目标，通过软件实现内心的需求才是我们不断前行的动力，如图 9-2 所示。

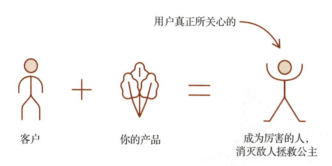

图 9-2　用户关心的是目标而不是产品

因此我们将 SaaS Onboarding 定义为基于客户生命周期的价值交付系统。

9.3　Onboarding 的 4 个好处

假如当前正在下雨，我们打开雨伞立刻就能体会到雨伞所带来的价值——挡雨。然而对于企业级 SaaS 产品而言，价值的体现则需要一些时间、步骤以及耐心。我们需要帮助用户，跨过获取价值的"峡谷"，否则他们就会坠入流失的"深渊"，如图 9-3 所示。

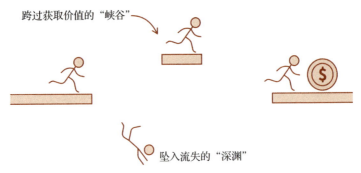

图 9-3 通过 Onboarding 帮助用户跨过获取价值的"峡谷"

HubSpot 的产品经理 Dan Wolchonok 通过调查发现，注册一周后不再继续使用产品的用户中，没有看到产品价值和不知如何使用产品的人占据了 60%，如图 9-4 所示。

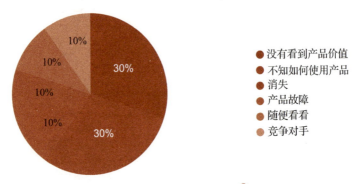

图 9-4 用户流失原因调查[一]

可见，如果用户无法从产品中看到价值，或者不知如何使用产品，他们就会失去兴趣，最终离开。我们已经知道了问题所在，接下来就可以通过设计有效的 Onboarding 来解决问题。

[一] 图片来源为 https://www.danwolch.com/2015/04/an-insiders-look-at-hubspot-side-kicks-growth-approach/。

第 9 章 正确认识 SaaS Onboarding

有效的 Onboarding 提供了基于上下文的信息和互动，并通过简化的手段和用心的设计来促使用户保持参与度并从产品中尽快获取价值。这不仅能够让他们留下来，还可以促使他们成为产品的宣传者。基于此，我们可以总结以下 4 个构建良好 Onboarding 的好处，如图 9-5 所示。

图 9-5　构建良好 Onboarding 的好处

- 提升转化：引导和教育意向客户快速获取价值，不仅能够吸引用户持续地使用，也有利于缩短付费订阅转化的时间，从而有效提升转化的比率和效率。
- 减少流失：通过 Onboarding 快速交付产品价值，可以减少意向客户因无法获取产品价值而流失的情况，还可以有效推动客户使用新功能和高级功能，降低客户因产品使用程度较浅、沉没成本低而流失的风险。
- 降低成本：良好的 Onboarding 体验不仅有利于用户快速上手使用产品，同时也极大地减少了服务团队的支持次数和时间。
- 增加收入：Onboarding 会持续地教育客户采用新功能和高级功能，促使用户不断地深入使用并获取更多价值，促使他们更加依赖产品或服务，从而延长客户的生命周期。同时，这也为升级套餐以及交叉销售提供了机会。对产品和服务满意的客户也更有可能向其他人推荐，使得产品得到更多曝光机会，吸引更多的潜在客户。

9.4 Onboarding 的 2 个阶段和 4 个部分

当我们认识到 Onboarding 的重要性之后,就更加需要有一个清晰的 Onboarding 框架,能够在客户生命周期的每个阶段都发挥作用。

基于客户生命周期,我们将 Onboarding 分为 2 个阶段。

- 用户 Onboarding:从注册到开始使用,完成产品激活;从试用到付费,达成首次订阅。
- 客户 Onboarding:从订阅到融入,养成使用习惯;由浅入深,创造扩展机会。

这 2 个阶段对应以下 4 个部分,如图 9-6 所示。

图 9-6 基于客户生命周期的 Onboarding 框架

1. 激活:将试用转化为付费

Onboarding 的初始目标是通过缩短产品实现价值的时间,促使试用用户转变为付费客户。Tom Tunguz 的研究指出,只有 4%(无人员辅助)到 15.5%(销售辅助)的用户真正跨过了 Onboarding 的初始阶段,成为付费客户。可见这个阶段对于 SaaS 产品而言依然是个严峻的挑战。

2. 采用:持续使用

客户支付费用并不代表他们就会坚持使用产品,从付费到持续使用依然有一段距离。如果客户在前一个订阅周期内无法有效地使用产品,那么下一次订阅的可能性就会很低。

3. 留存：深度使用

大多数情况下，Onboarding 策略就停留在留存阶段，可是这时仍然存在风险：客户可能会选择其他方式（例如从邮件转向即时沟通 IM），甚至投向竞争对手的怀抱。Onboarding 需要引导客户从产品中不断获取新的价值，例如高级功能、刚推出的新功能以及最佳实践等，从而增加对产品和服务的依赖性，增强与业务的绑定程度。毕竟用的功能越多、越深入，转换的成本也就越高，反过来流失风险也就越低。

4. 扩展：向上销售和交叉销售

基于信任关系，人们更愿意在已经打过交道的产品那里继续消费，因此现有客户是我们向上销售和交叉销售的最佳人选。我们可以引导客户发现新的价值点，促进他们升级套餐或者开通其他产品。

9.5　Onboarding 的 4 个趋势

SaaS Onboarding 会随着技术的发展而不断迭代和优化。这一方面是为了更好地满足客户需求，另一方面也是基于投入产出比的考量。

9.5.1　应用内 Onboarding

20 世纪 80 年代，随着个人电脑的出现和图形界面的不断发展，企业里越来越多的员工开始使用电脑来处理业务，例如会计、人力资源和客户管理等。这时就迫切需要员工快速熟悉各种系统和软件。一开始主要采用传统的培训方式，例如纸质操作手册、光盘以及现场培训。随着网络技术的不断发展，人们可以在线查看文档、观看教学视频等，同时搜索引擎和论坛交流也成为人们学习和掌握软件的新方式，如图9-7所示。

图9-7　Onboarding发展脉络

到了21世纪初，本地应用程序开始向"云"发展。云计算改变了传统应用程序的开发和运作方式。对于无须本地安装即可在线使用的SaaS软件而言，可以进行快速的产品更新和迭代，以适应市场的变化和满足客户的需求。

同时SaaS厂商也越来越多地开始采用免费试用和增值服务的获客手段。这意味着，用户通过简单的注册就可以进入产品，然后通过试用来了解产品是否满足自己的需求，进而才会考虑付费或者升级。于是，具有实时性的应用内Onboarding的价值开始凸显。

通过采用应用内Onboarding，用户可以随时随地以自我为主导，在应用程序内接受培训和教育。同时，即时的上下文信息、帮助和指南，既加快了用户获取价值的速度，也减少了销售团队和客户成功团队的人力投入。

项目管理应用Monday的用户注册完成并进入应用后，按照设定好的流程和步骤创建工作区和任务，整个过程无需提供人工帮助，如图9-8所示。

图 9-8　Monday 应用内的 Onboarding

9.5.2　自动化 Onboarding

销售、客户成功和技术支持在客户服务和收入增长方面通常扮演着重要角色。当通过产品设计就可以直接实现相关目标时，我们应该毫不犹豫地选择后者，因为这更具复用性和规模效益。

自动化 Onboarding 可以根据客户角色、使用数据和成长阶段，提供有针对性的帮助和引导，从而有效推动客户持续使用，且避免人力的重复投入。同时，还可以基于数据不断优化自动化策略。

营销自动化应用 Encharge 基于用户行为和时间间隔触发不同的邮件，引导用户进行下一步行动，并进行相关培育，如图 9-9 所示。

9.5.3　自助化 Onboarding

通过提供完善且基于上下文的帮助内容，促使用户有机会自行解决问题以及探索产品。通常，我们可以创建以下 4 种类型的内容。

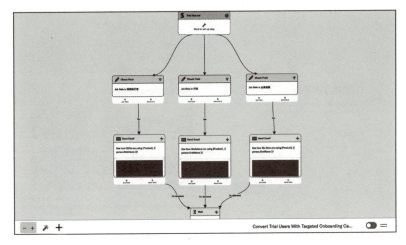

图 9-9 Encharge 自动化 Onboarding 邮件

- 案例研究：根据现有客户创建案例研究，然后推荐给同类型的客户，以便他们可以更好地学习和应用产品来解决业务问题。
- 自助渠道：包括帮助中心、操作文档、论坛等，既支持了客户自行解决问题，也让客户可以全面、深入地了解产品。
- 用例：通过发布不同用例的最佳实践文章或视频，帮助客户更好地使用某一具体功能，并达到良好的使用效果。
- 互动式教程：一方面可以降低学习难度和理解压力，另一方面可以吸引和促使客户参与，客户能够边看边学，快速上手。

协作应用 Airtable 在产品内提供了交互式的操作引导，帮助客户熟悉产品，并更好地上手运用，如图 9-10 所示。

9.5.4 个性化 Onboarding

在产品发展的初期，SaaS 厂商可能仅专注于某一具体对象、需求或者业务。随着产品的发展、扩展和成熟，面向的客户群体和范围也在不断扩大，人们会出于不同的原因和目的注册并使用产品，原先单一的 Onboarding 就不再适用于所有客户了。

图 9-10　Airtable 交互式的操作引导

我们需要根据用户角色、需求或类型，设计不同的 Onboarding 路径，并在注册完成后要求用户提供一些额外的信息，从而确保当前的 Onboarding 流程能够帮助他们尽快地实现目标。

图形创意应用 Canva 在用户注册完成后询问他们的角色和使用用途，然后为他们提供相应的模板，如图 9-11 所示。

图 9-11　Canva 个性化引导流程

9.6 本章小结

本章我们首先介绍了 Onboarding 的来源，然后引申至 SaaS 领域，良好的 Onboarding 可以帮助用户与产品更好地互动，并协助产品在整个客户生命周期内更有效地向客户交付价值。

在 SaaS 中，我们将 Onboarding 分为了用户 Onboarding 和客户 Onboarding 两个阶段，并进一步细分为加速激活、促进采用、提高留存、引导扩展 4 个部分，共同起到提升转化、减少流失、降低成本和增加收入的作用。

此外，Onboarding 本身也随着时代不断进步，逐步向应用内、自动化、自助化和个性化的方向发展，体现出了方便、快捷、高效和多样的特性。

第 10 章 | CHAPTER 10

SaaS Onboarding 的落地框架

通过第 9 章的学习,我们对 SaaS Onboarding 的定义、阶段、价值和趋势有了清晰的认识,对于具体的实施方法可能还不知所措,本章就来介绍 Onboarding 落地框架。

10.1　Onboarding 落地框架的 3 个部分

如果我们把 Onboarding 比作一段旅程,那么就需要知道当前所处的位置(出发点)和目的地,还要在路途中设定好可以休息一下、补充能量的地方,且希望这一路畅通无阻。我们可以将 Onboarding 的落地框架拆分为以下 3 个部分。

1. 确定客户的目标

了解潜在客户当前的糟糕处境,同时确定他们的需求和目标,如图 10-1 所示。

图 10-1　了解客户的处境与目标

2. 设定里程碑

以客户的目标为导向，通过阶段性成果或事件来帮助客户衡量进度，如图 10-2 所示。

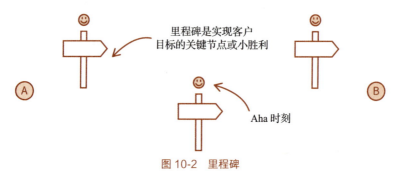

图 10-2　里程碑

3. 规划路径

串联起整个里程碑，并补齐节点之间的步骤。这么做既可以防止用户迷路，又可以通过梳理和调整帮助客户快速且顺利地到达目的地，如图 10-3 所示。

图 10-3　规划完整路径

10.2 确定客户目标

克莱顿·克里斯坦森在《与运气竞争》中提出了"需要完成的工作"（JTBD，Jobs To Be Done）理论，该理论指出用户购买产品与服务的原因是为了解决生活中需要完成的"工作"。

书中通过一个案例对这个理论进行了说明：上午人们购买奶昔，是为了缓解漫长通勤时间的无聊。而到了下午，人们购买奶昔是为了拉近与孩子的距离。克里斯坦森认为人们购买奶昔，主要目的不是购买一份食物，而是在雇用这杯奶昔帮助他们完成生活中的一项任务，例如打发无聊或增进感情。

在 SaaS 产品中的情况也是如此，客户基于自身需求来购买产品或服务，进而完成至关重要却还未完成的工作。制定 Onboarding 策略的第一步就是了解客户，了解他们购买产品背后的诉求，即客户要完成的工作。毕竟，对客户了解得越多，也就越容易以正确的方式帮助到他们。就像奶昔店，在早上提供更加浓稠的大份奶昔来帮助人们打发无聊的通勤时光，而到了下午则会提供小而有趣的儿童奶昔来帮助亲子之间增进感情。

当然，了解客户最直接的办法就是直接询问他们。我们可以将客户划分为 4 个群体，如图 10-4 所示。

持续付费的满意客户　　刚付费不久的客户　　未完成转化的用户　　流失的客户

图 10-4 客户类型

对于持续付费的满意客户，我们可以提出表 10-1 所示的问题。

表 10-1　对持续付费客户的调查表

问题	目的
你们正在使用产品解决什么问题或完成什么工作	了解客户持续付费的原因
我们的产品是如何帮到你们的	了解客户在工作中是如何使用产品的
哪些功能对你而言非常好	了解产品的闪光点

对于刚付费不久的客户,他们对近期的经历还记忆犹新,我们可以向其提出表 10-2 所示的问题。

表 10-2　对刚付费不久客户的调查表

问题	目的
你们为什么会选择我们的产品,此前评估过其他工具吗	了解客户的期望以及付费转化的关键点
你们之前的解决方案是什么样的	了解客户切换解决方案的推动力以及使用我们产品之前的处境
你们在使用过程中觉得不太友好或者产生疑惑的地方有哪些	了解还处于使用初期阶段的客户在使用产品时所面临的状况,从而帮助客户更加轻松、顺利地达到目标

对于未完成转化的用户,他们的声音尤为重要,我们可以向其提出表 10-3 所示的问题。

表 10-3　对未完成转化的用户的调查表

问题	目的
尝试使用我们产品的初始目的是什么	确定该用户是否是目标客户。若不是,这些声音也就无须过多关注了
是什么因素影响了你们对我们产品的选择	确定产品在价值呈现方面是否存在不足之处以及导致用户无法转化的障碍
你们最终选择了谁?让你们感觉到好的地方是什么	树立学习和参考的对象

对于流失的客户,尽管他们已不再是客户,但找出他们的流失

原因极为重要。对于这类客户,我们可以询问表 10-4 所示的问题。

表 10-4 对流失客户的调查表

问题	目的
之前使用产品主要用来做什么,多久用一次	了解他们采用产品来完成工作的重要性以及迫切程度,从而帮助我们评估产品对于他们的价值和好处
你们现在在用什么产品,和我们的产品相比怎么样	了解他们是否拥有了更好的解决方案,从而帮助我们认识到可以改善的差距
我们需要改进哪些地方,会让你们重新考虑	确定客户流失的导火索

当然,客户流失的原因中有一些是我们无法控制和改变的。例如,客户业务关停、领导更换致使重新采购以及我们的产品永远都不会提供的功能,等等。

从 Onboarding 的角度,以下原因导致的流失是我们需要改善的。

❑ 客户不了解如何使用产品。

❑ 客户不明白产品的价值。

❑ 客户未能充分体会和利用产品的价值。

通过对上述 4 类用户的调研,可以很好地帮助我们了解用户(买家特征和角色)以及他们的目标(需要完成的工作),然后以此为中心,创建优质的用户体验,使得我们的 Onboarding 之旅与用户所看到的宣传价值保持一致。

10.3 设定里程碑

当我们确定了用户的目标后,接下来的工作便是帮助用户通过我们的产品实现他们的目标。实现目标通常是一个相对庞大且周期长的事情,例如想变"好看"应该如何做呢?

首先,我们需要从简单、有效的方式入手。例如换个发型、挑选合适的衣服,这样"好看"的效果便可快速在人们的眼前呈现。与此同时,也促使我们对变得"好看"产生更多的动力、信心和期望。然后,不断加入更长周期的方式,例如学习化妆、提升审美、练习穿搭、塑造体型,致使最终实现质的改变。

这一过程在心理学上被称为目标梯度效应,指的是越接近目标,我们愿意为之付出的努力也就越多。

在 SaaS 产品中,我们帮助客户实现目标的策略也是如此。通过在前往目标的过程中不断呈现和营造"价值时刻",来让客户保持动力和兴奋感,从而帮助他们实现最终目标。这些绽放产品价值的时刻,通常被称为 Aha 时刻,指的是客户意识并感受到产品价值时的状态,从而在心中不断确信这就是解决方案。

反过来说,设定里程碑就是将客户目标拆解成一个个关键节点,并在每一个节点达成时,获得契合客户目标的产品价值,从而让客户感受到他们确实走在通往目标的路上,并且距离实现目标越来越近。我们在设定里程碑的时候,可以根据客户的目标进行反向推演,如图 10-5 所示。

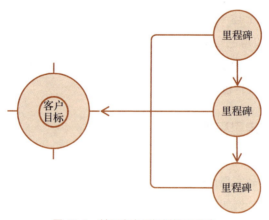

图 10-5 基于客户目标拆解里程碑

以在线客服系统设定里程碑为例，当前最佳客户的目标是高效转化网站访客流量，获得更多销售线索。基于这个目标，我们设定多个里程碑，如图10-6所示。

里程碑1：安装挂码。

步骤1：注册进入（用户行为）。

步骤2：在线模拟咨询（体验触点）。

步骤3：沟通对话（Aha时刻）。

步骤4：安装挂码（用户行为）。

客户价值：实现在线接待。

里程碑2：设置主动对话。

客户价值：提升访客对话量。

里程碑3：完成互动菜单。

客户价值：提升访客开口率。

里程碑4：开启退出挽留。

客户价值：抓住即将流失的访客。

里程碑 N：……

客户价值：……

图10-6　不断通往客户目标

10.4 规划最短路径

为了达到我们设定的里程碑，潜在客户可能需要执行一系列的操作。接下来我们要思考的是如何促使客户顺利到达里程碑。同样，这意味着我们需要认真考虑整个路径，并提供最快的到达方式。

两点之间直线最短，在客户旅程中，我们设定的里程碑之间要步骤少且清晰无歧义。我们可以采用以下步骤。

1）绘制路径。

2）标记检查。

3）简化旅程。

10.4.1 绘制路径

假设我们是教育机构的运营人员，会在百度、抖音和微信公众号等不同渠道和平台推广获客。公司的售前客服需要同时登录多个平台进行在线接待。某天，我们通过同行交流群了解到某款在线客服系统可以绑定这些平台，进行统一的客户接待。于是我们找到这家网站，此时，我们设想的路径可能是注册→进入产品→绑定各个平台→邀请同事使用。

然而，具体的操作和执行却并非想象中的那么简单和直接，就像制作三明治的案例一样，我们总会遗漏很多中间步骤，如图 10-7 所示。

对于企业级 SaaS 应用的用户注册行为而言，可以细分成以下步骤。

1）填写手机号码。

2）点击"发送验证码"。

3）完成接收验证码前的安全验证。

4）填写验证码。

5)填写公司名称。

6)填写邮箱。

7)设置密码。

8)进入应用。

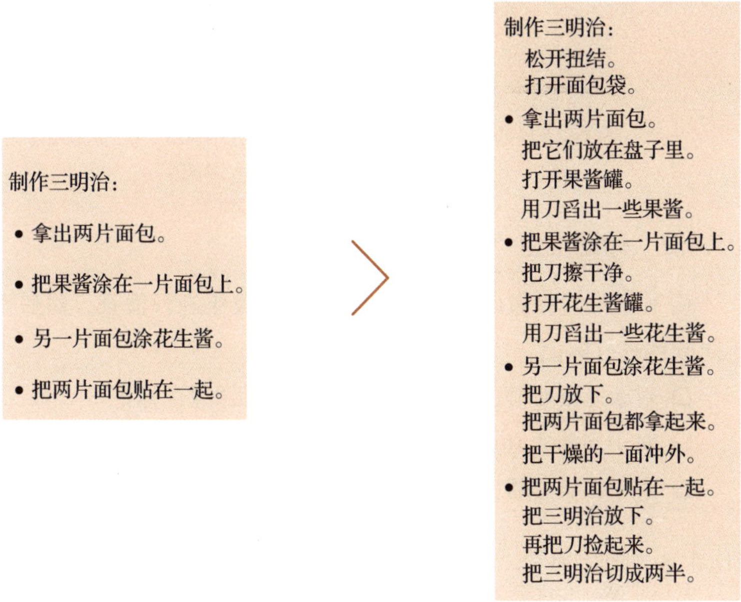

制作三明治:
- 拿出两片面包。
- 把果酱涂在一片面包上。
- 另一片面包涂花生酱。
- 把两片面包贴在一起。

>

制作三明治:
松开扭结。
打开面包袋。
- 拿出两片面包。
把它们放在盘子里。
打开果酱罐。
用刀舀出一些果酱。
- 把果酱涂在一片面包上。
把刀擦干净。
打开花生酱罐。
用刀舀出一些花生酱。
- 另一片面包涂花生酱。
把刀放下。
把两片面包都拿起来。
把干燥的一面冲外。
- 把两片面包贴在一起。
把三明治放下。
再把刀捡起来。
把三明治切成两半。

图 10-7 制作三明治流程㊀

基于上述步骤,我们可以对用户从注册到期望结果之间的每一步进行分解,然后一一截图,横向排列正常进度,纵向排列分支和异常情况。此时我们会发现事情并非想象中的那么顺利和简单,中间竟然要经历这么多步骤,如图 10-8 所示。

㊀ 图片来源为 https://ux.useronboard.com/product-people-mind-the-gap-da363-018cc57。

| 第三部分　SaaS Onboarding |

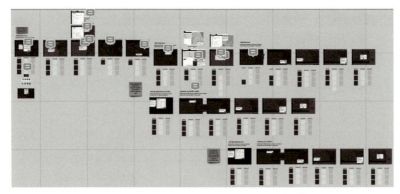

图 10-8　逐步分解用户注册行为的示意图[一]

10.4.2　标记检查

接下来我们要做的是对每一个步骤和操作进行检查，然后以不同颜色进行标记。

- ❏ 对于必要步骤的处理方式为优化，可用绿色标记。
- ❏ 对于当前非必要步骤的处理方式为延后，可用黄色标记。
- ❏ 对于多余步骤的处理方式为去除，可用红色标记。

10.4.3　简化旅程

下面我们对标记后的步骤和操作进行简化。

- ❏ 绿色：填写手机号码是必要步骤，应采用优化的手段。例如根据用户 IP，默认当前国家的电话区号；使用格式输入框，避免出现多填或少填的错误。
- ❏ 黄色：填写公司名称在注册场景下是非必要的步骤。这个步骤可以推迟到以后进行完善，毕竟在用户未获取到产品价值时，这个步骤是毫无意义的。在 SaaS 领域，我们可以

[一]　图片来源为 https://productled.com/blog/improve-your-activation-rate/。

在客户申请发票的时候要求完善公司名称这一项，这时客户的积极性也高，也能保证填写的信息是准确的。
- 红色：接收验证码前的安全验证在一定程度上是多余步骤，可以采用去除的手段。虽然在接收短信前，进行安全验证是为了防止恶意刷短信，看上去是合理的操作，但是对于用户而言，就多了一个步骤。

对于安全验证这个步骤有没有更好的方案呢？其实我们可以根据企业的日常注册量来评估正常访问量。假如每天有 100 个注册新用户，考虑到短信验收失败和延迟超时重新发送的情况，可以乘以一个系数，例如 1.2，那就是每天在 120 条短信内无须进行安全验证，超出后的注册才需要。这样就可以在安全范围内，保证用户的体验。

通过类似的方法，我们可以将整个流程精简到只剩下必要的步骤，从而保证用户在最短的时间内体验到预期的价值，达到 Aha 时刻。

10.5 持续渐进

通过确定客户目标，然后设定里程碑，再进行最短路径规划，我们可以有效引导客户在产品中获得他们所期望的价值，如图 10-9 所示。

图 10-9 实现客户成功

Onboarding 的落地设计到这里还没有结束，由于我们对产品非常熟悉，对客户存在认知偏差，因此在设计时很容易将很多事情视为理所当然，也很容易自以为是。我们需要对 Onboarding 的路径进行测试，对相关数据进行跟踪，发现那些被我们忽视的漏洞以及方案本身存在的问题。对漏洞和问题进行改善，才能保证 Onboarding 之旅对新用户是畅通的。这是一个不断渐进、持续迭代的过程。

10.6 本章小结

本章介绍了 Onboarding 落地框架，为了让客户感受到他们确实正在朝着目标前进，我们需要为此设定里程碑、营造价值时刻，并清除路障和减少不必要的摩擦，直至完成对客户而言至关重要且还未被其他产品满足的目标。

第 11 章 | CHAPTER

SaaS Onboarding 的 2 个工具范式

第 10 章介绍了 Onboarding 的落地框架，本章我们一起打开 Onboarding 的工具箱，看一看有什么工具可以帮助我们更好地实现 Onboarding 落地。

工具通常指工作中使用的器具，现在也引申为达到或促成某一目的所采用的手段。在 Onboarding 中，我们可以将工具定义为促使用户上手的方式，具体可以分为 UI 设计模式和内嵌教育指导两种。

11.1 UI 设计模式

常见的 UI 设计模式主要分为弹框、导览、进度条、清单、热点、空状态 6 种，下面分别进行详细介绍。

11.1.1 弹框

弹框是最常见的 UI 设计模式，除了基本的打招呼信息，通常还包括接下来的行动引导，以及功能介绍、教学视频等内容。其中，模态通过遮罩层将弹框与背后的应用区分开来，从而让用户的目光聚焦在当前的信息上。

我们看一看团队和项目管理应用 Basecamp 的弹窗设计，如图 11-1 所示。新用户进入产品主页后，弹框内嵌视频内容，以帮助用户快速熟悉和了解应用。

图 11-1　Basecamp 视频弹框

客户关系管理应用 Salesforce 在用户进入应用后，会弹出 4 个主题，均围绕着产品可以向客户提供的价值，即掌握每一笔交易、达成更多交易、掌握销售业务和个性化扩展进行展示，用户可以跟着向导一步步操作，在边做边学中了解和上手应用，如图 11-2 所示。

无码建站应用 Webflow 的欢迎页面结合炫酷的视频演示，让新用户更加期待产品能实现的效果。通过观看动态演示,用户可以更加直观地理解产品功能和使用方法,如图 11-3 所示。

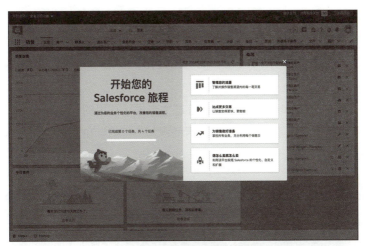

图 11-2　Salesforce 分步弹框

图 11-3　Webflow 动态演示弹框

11.1.2 导览

通过提供上下文信息，一步步引导用户继续使用。通常采用带有箭头的小窗口或热点提示，一般包括2～5个步骤，同时使用简短的文本进行描述。有一点我们需要注意，导览通常是对当前工作流程中涉及的关键功能进行介绍，切忌对每一个功能都做引导。

在线录屏录像工具Loom通过文本框（有用的详细信息）+ 热点提醒的方式，引导用户对录制后的视频进行编辑和分享，如图11-4所示。

图 11-4 Loom 导览

图形设计应用 Figma 采用动态图形演示和简洁的内容进行描述，帮助用户更好地理解和使用相关功能。同时，也为想要了解更多内容的用户提供了相关链接，如图11-5所示。

第 11 章　SaaS Onboarding 的 2 个工具范式

图 11-5　Figma 导览

　　云存储和团队协作工具 Dropbox 通过大面积的深色与浅色将页面区分开来，让用户聚焦在引导框上。导览的左下角显示了具体的进度指示器，给用户建立心里预期，减少焦虑，如图 11-6 所示。

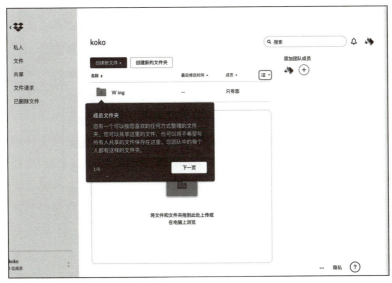

图 11-6　Dropbox 导览

11.1.3 清单

清单提供了清晰的任务列表,并可视化地呈现在用户面前,让人们知道该应用可以干什么以及哪些任务还没有执行。同时,清单也将原本复杂且具有挑战性的任务分解成多个相对简单和清晰的步骤。

设计清单也利用了心理学原理。首先,完成任务所带来的成就感,会促使我们的大脑释放多巴胺,激发我们朝着目标不断前进。其次,由于承诺与一致性原则,当人们采取了一系列操作时,就更有可能做出更大的行动决策。

在线沟通应用 Crisp 通过清单+奖励(试用天数)的方式,激励用户完成清单任务,在不断深度绑定的同时,让用户越来越深刻地体验到产品的价值,如图 11-7 所示。

图 11-7 Crisp 奖励清单

产品管理系统 Productboard 清单的第一个任务为已完成状态。蔡加尼克效应表示,人们会更加关注未进行的任务,对未完成的事物会产生一种"不舒服"的感觉,这两个方面的叠加效应增强了用户的行动力,如图 11-8 所示。

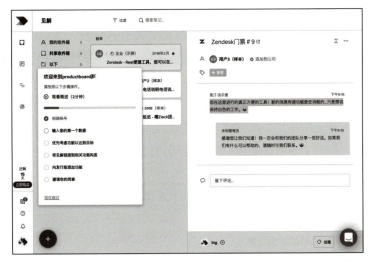

图 11-8　Productboard 清单

云笔记应用 Evernote 的用户只需简单地点击几下,就完成了第一个清单任务。紧接着引出其他任务,并在视觉上采用波动(圆点不断放大缩小)的方式,引导用户进行操作,如图 11-9 所示。

图 11-9　Evernote 清单

11.1.4 进度条

进度条用于向用户展示当前任务的进度。进度条有多种表现形式,除了最常见的横向加载条,还有点、百分比、分数等形式。

根据目标梯度效应,当我们越来越接近目标时,我们的动力也会随之增加。同时,进度条又可以很好地提醒用户,他们仍有待处理的任务,以此敦促用户继续前行。

对话式营销应用 Drift 的进度条设计,让用户感觉已经完成了部分工作,增强用户继续执行和完成的意向。同时,顶部突出的进度条也起到了不断提醒用户继续使用的目的,如图 11-10 所示。

图 11-10　Drift 进度条

全渠道客户服务应用 MessageBird 在页面设计上采用分段式进度条,与清单任务数相辅相成。随着任务的推进,进度条、百分比和完成任务（打勾状态）带来的前进感，会不断增强用户继续使用的意向，如图 11-11 所示。

图 11-11　MessageBird 进度条

11.1.5　热点

热点通过圆形波动吸引用户注意力，以此对关键操作或功能进行引导和提示。用户点击热点后，弹出相关上下文信息，帮助用户理解某一功能或元素。

RSS 聚合器应用 Feedly 的使用页面通过热点吸引用户点击并了解相关功能，如图 11-12 所示。

在线语法纠正和校对应用 Grammarly 通过热点对主要功能进行引导及说明，如图 11-13 所示。

文档和协作应用语雀通过精简的文案和视觉波动，引导用户跟随热点发现新功能，如图 11-14 所示。

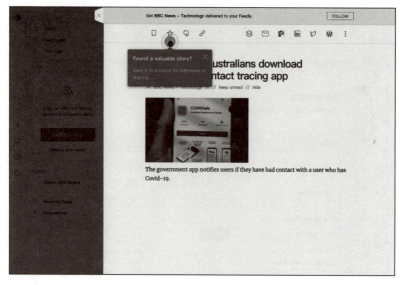

图 11-12　Feedly 热点

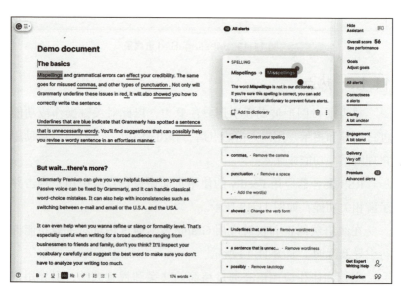

图 11-13　Grammarly 热点

第 11 章 SaaS Onboarding 的 2 个工具范式

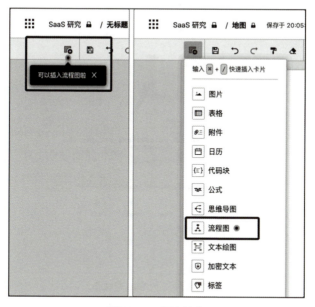

图 11-14 语雀热点

11.1.6 空状态

空状态是指无数据的情况，例如新用户刚刚进入应用或清除数据后。空状态不应该是空白的，我们可以利用空状态，给用户发送有用的信息，引导用户采取行动，帮助用户从应用中获得价值。

在线沟通应用 JivoSite 在空状态下引导用户模拟使用应用，在无需安装的情况下，提前体验到产品的 Aha 时刻，如图 11-15 所示。

客户支持应用 Groove 将默认数据和教程完美地结合在一起，既解释了产品功能又展示了产品价值。当用户开始处理未分配的系统任务时，也就不知不觉地开始使用产品了，如图 11-16 所示。

| 第三部分   SaaS Onboarding |

图 11-15　JivoSite 空状态

图 11-16　Groove 空状态

社交媒体管理平台 Buffer 通过使用空状态引导用户绑定社交平台账号。毕竟，对于 Buffer 而言，不绑定社交账号就无法发挥产品价值，如图 11-17 所示。

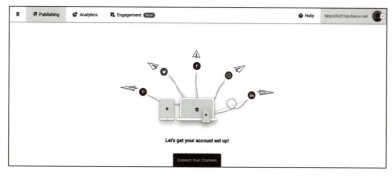

图 11-17　Buffer 空状态

上述 SaaS 案例，大多采用了多种 UI 模式相结合的方式，来帮助用户完成 Onboarding。敏捷开发和问题跟踪管理系统 Jira 就融合了清单、进度条以及导览等模式，如图 11-18 所示。

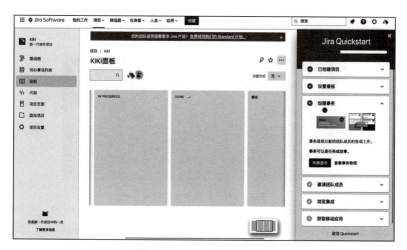

图 11-18　Jira 融合多种模式

本节出于方便分类的考虑，对 UI 设计模式做了划分和归类。不管使用什么样的组合方式，有一点我们都需要记住——仅引导功能操作是不够的，我们还需要传达出该功能的价值以及与当前用户目标的关联。

11.2 内嵌教育指导

内嵌教育指导是指教育的内容在当前应用内，并基于上下文，遵循就近原则，帮助用户了解和学习相关知识，以便更好地上手和使用产品。

内嵌教育指导从范围上可以细分为字段级、页面级以及全局。在教育内容上，有的只在特定情况下呈现，有的则可以套用模板和互动式教程的内容。我们将内嵌教育指导分为微学习、当下教学、帮助和学习中心、场景触发指导、模板化、边做边学 6 类。

11.2.1 微学习

微学习是指针对某个单独的设置，提供解释和教学。微学习通常应用于系统操作，当我们使用鼠标进行点击操作时，提醒我们可以使用快捷键的设计就是微学习，如图 11-19 所示。

图 11-19 菜单快捷键提醒

如图 11-20 所示，在进行鼠标设置时，右侧区域会提供动态演示，既帮助用户了解使用效果，也传授了操作方法。

第 11 章 SaaS Onboarding 的 2 个工具范式

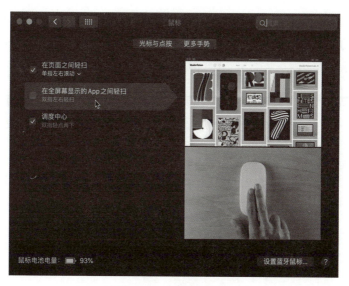

图 11-20 鼠标功能演示

企业沟通和协作应用钉钉的对话面板中，有些快捷键是直接暴露的，从而在日常使用中潜移默化地教育用户，如图 11-21 所示。

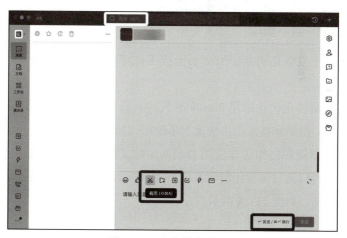

图 11-21 钉钉快捷键提醒

表单和调查应用 Typeform 对字段进行了外观展示并辅以场景化的文案说明，帮助用户更好地了解和使用每个字段，如图 11-22 所示。

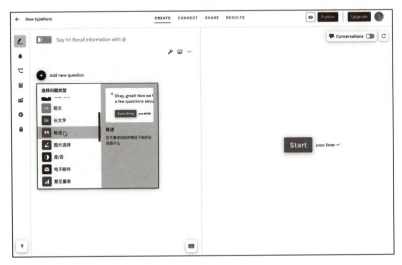

图 11-22　Typeform 图形示意

11.2.2　当下教学

当下教学是指基于当下页面或工作流程，提供详细的指导和教学。

网站转化优化应用 Plerdy 对当前页面的设置和使用进行了详细说明，帮助非技术用户快速上手使用，如图 11-23 所示。

云存储和协作管理应用 Dropbox 的文档编辑页面将相关提示和使用窍门通过可视化的动态图形进行演示和说明，效果轻量、直观且生动，如图 11-24 所示。

第 11 章　SaaS Onboarding 的 2 个工具范式

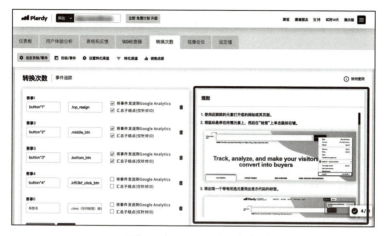

图 11-23　Plerdy 就近教学

图 11-24　Dropbox 可视化教学演示

在线沟通应用 Intercom 的当前页面提供了 3 种指导方式——文档、在线视频和应用内导览，用户可以根据自己的情况进行选择，如图 11-25 所示。

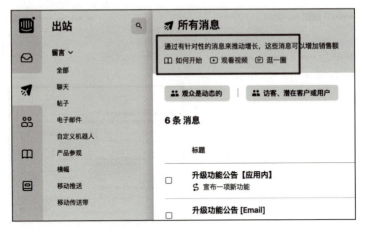

图 11-25　Intercom 多种帮助指导

11.2.3　帮助和学习中心

帮助内容就在当前软件内,用户无须跳转到独立的帮助中心页面。通常,用户可以单击某个按钮来打开这个帮助功能。如果能基于用户当前所在页面自动显示相关帮助内容,那就再好不过了。虽然看文档从来都不是一件令人兴奋的学习方式,但它能给予用户广泛的支持和自助解决问题的能力。

中小企业云端会计应用 QuickBooks 在软件内提供了全局帮助,用户可以询问 AI 机器人或自助搜索解决问题,如图 11-26 所示。

在线白板应用 Miro 的使用页面中,用户可以随时打开学习中心,里边提供了多种类型的资源和帮助,为用户自助使用产品提供广泛的支持,如图 11-27 所示。

第 11 章　SaaS Onboarding 的 2 个工具范式

图 11-26　QuickBooks 内置全局帮助

图 11-27　Miro 帮助和学习中心

11.2.4　场景触发指导

场景触发指导是基于特定的上下文环境所触发的教育内容，

出现时机可谓不早不晚刚刚好。

视频托管应用 Wistia 在用户上传视频的等待期间,页面右下方会弹出学习视频,既缓解了用户等待过程的无聊,又让用户学习了使用方法,如图 11-28 所示。

图 11-28　Wistia 空隙教学

任务和项目管理应用 Flow 在消息输入区域会根据用户操作情况显示不同的提示,引导和教育用户,如图 11-29 所示。

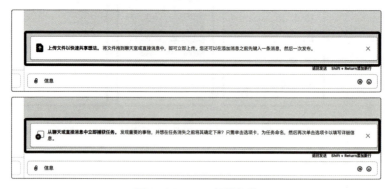

图 11-29　Flow 场景教学

图 11-29（续）

问题跟踪应用 Linear 的用户使用鼠标进行勾选时，会触发快捷操作的提示，如图 11-30 所示。

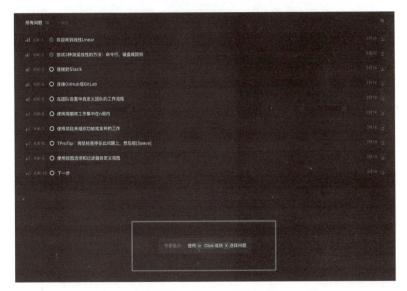

图 11-30　Linear 上下文提醒

11.2.5　模板化

通过提供模板，可以有效降低用户的使用难度，帮助他们更快地上手使用产品。同时，通过模板可以告知用户产品的具体功能。

弹窗应用 Sleeknote 对于没有设计能力的用户而言，可以根据自己的需求选择模板，经过简单调整即可使用。同时，模板也给予用户使用参考和借鉴，如图 11-31 所示。

图 11-31　Sleeknote 模板

白板和协作应用 Miro 通过模板清晰地传达了白板的多种用途和场景，用户可以选择符合自己工作需求的白板类型，也避免了用户面对空荡荡的页面无从下手的尴尬境地，如图 11-32 所示。

图 11-32　Miro 模板

11.2.6 边做边学

边做边学和导览的区别是,边做边学需要用户真正地使用,否则无法进入下一步。通常用户根据引导,手动完成一个个任务,直至结束。此外,对于复杂的功能,边做边学也是帮助用户掌握使用要领的方式。

看板工具 Trello 的用户在正式进入产品前,先设定好的流程所引导,进行一些输入操作,整个流程完成后,进入产品内便可看到刚才设置的看板,就这样在不知不觉中开始使用产品,即完成了任务的设定和跟进,如图 11-33 所示。

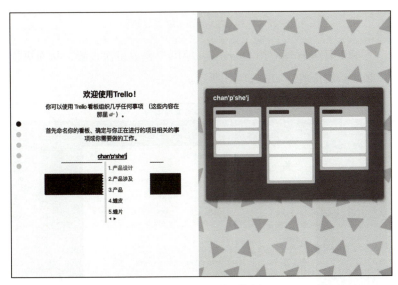

图 11-33　Trello 流程化入门

在线语法纠正和校对应用 Grammarly 通过提供默认的演示文档,使用户可以在"消消乐"的过程中,深刻理解纠正语法的产品价值,如图 11-34 所示。

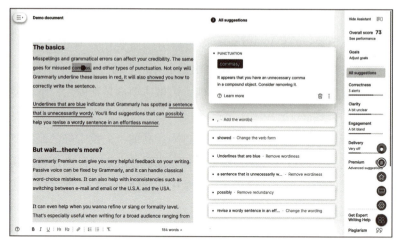

图 11-34　Grammarly 实战教学

员工日程管理应用 Deputy 引导用户完成班次设置，从而更快获取产品的价值，如图 11-35 所示。

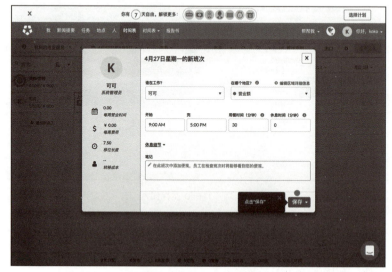

图 11-35　Deputy 引导教学

11.3 本章小结

本章首先梳理和总结了在应用内较为成熟的 2 个工具范式，即 UI 设计模式和内嵌教育指导，读者在日常工作中可以快速套用。然后通过案例展示，证明了采用较为成熟的通用模式，既可以被用户理解和接受，又能有效弥补用户使用产品所需要的知识点。

第 12 章 | CHAPTER

促使用户行动的 3 个因素

本章介绍如何促使用户行动起来，毕竟用户不上手使用，我们所有的设想都将落空。

12.1 行为模型

圆满的 Onboarding 之旅就是帮助用户顺利达成他们的心愿。从理想的角度出发，这是一条简短的、直接的价值获取之路。然而对于许多产品而言，却并没有那么容易。任何事物都有其自身不可避免的复杂性，正如特斯勒定律所描述的：任何系统都存在固有的复杂性，且无法被减少。

基于上述原因，在获取产品价值的道路上，促使用户采取行动并继续使用产品，就显得尤为重要了。毕竟，终止使用一般就意味着用户流失。

斯坦福大学心理学家布莱恩·福格提出的行为模型，如图 12-1 所示，让我们清晰地认识到了影响人们采取行动的 3 个因素。

- 动机：指做某事的欲望。当人们有足够强的动力时，更有可能采取行动并坚持下来。
- 能力：指做某事的能力。能力强或事务较为简单（拥有的能力和完成该事务的正值差）时，更容易实现目标。
- 触发：指促使人们采取行动的提示。

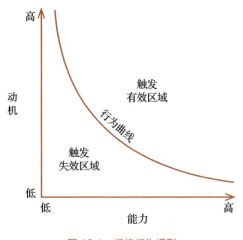

图 12-1　福格行为模型

提升人们采取行动的概率就是增加动机 + 提升能力或降低执行成本 + 有效触发。

12.2　增加动机

动机为用户做出特定行为提供了理由，激励着他们朝着一个方向不断前进。

12.2.1 履行承诺价值

一般说来，当人的需求未得到满足时，便会心生不安。当遇到能够满足该需求的方法时，这种不安的心理就会转化为动机，推动人们去从事某种活动，并朝着目标前进。我们针对客户的需求，传达产品的价值，便可以让用户产生动力。

客户管理应用 Freshworks CRM 通过对比，说明其他 CRM 客户管理存在的问题，给予潜在客户行动的理由，即拥有一体化的 CRM，如图 12-2 所示。

图 12-2　Freshworks CRM 通过对比明确自身价值

从另一个角度来说，Onboarding 之旅就是履行我们所宣传的客户价值。如果用户使用产品后不能获取我们所宣传的价值，那么原先充满的动力会被立即消耗殆尽。

12.2.2 给予所需

人们更关心自己需要的，符合当下所需，便会让用户产生更高的前进动力。

表格和问卷调查应用 Typeform 的用户注册后最先经历的 Onboarding 之旅是需求调查。这样 Typeform 就可以向用户展示最适合他们需求的表格，从而帮助用户尽快完成工作，如图 12-3 所示。

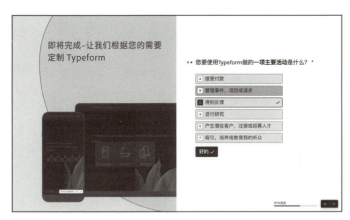

图 12-3　Typeform 个性化 Onboarding

图片分享类社群应用 Pinterest 基于用户个人选择进行图片内容推荐，既满足用户所需，又交付了产品价值，如图 12-4 所示。

图 12-4　Pinterest 基于用户的选择交付产品价值

在制定 Onboarding 序列时，我们需要思考哪些行为会对用户所关心的目标产生影响，从而确保在 Onboarding 计划中优先考虑这些行为。

12.2.3　明确行动的价值

在 SaaS 产品中推动用户采取行动，应该遵循以下 2 个条件。
❑ 明确行动所带来的价值。
❑ 与用户所关心的目标相关联。
这 2 个条件才是促使用户心甘情愿且积极采取行动的前提。

图 12-5 所示是在线客服系统应用 53KF 主页个人设置中的采用清单，通过明确行动的价值，来提升用户完成相关设置的动力。

图 12-5　53KF 明确行动价值

营销自动化应用 Autopilothq 在主页右侧列举了跟踪代码的 3 点价值，以此来推动用户安装应用，如图 12-6 所示。

第 12 章 促使用户行动的 3 个因素

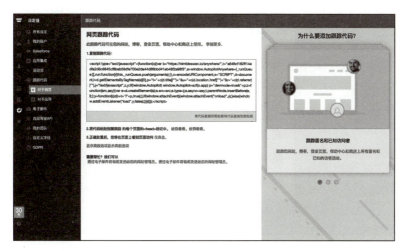

图 12-6 Autopilothq 明确行动价值

12.2.4 从一定比例开始

在著名的洗车服务集卡实验中，第一组卡片印章数为 0/8，第二组卡片印章数为 2/10，任务均为集够 8 枚印章。实验结果为第二组的完成比率更高，且完成的速度更快。

根据禀赋效应，当一个人拥有某样物品时，对于它的价值评估会大于尚未拥有的时候。最初就拥有 2 枚印章的卡片持有者，会放大印章的价值，从而更想要完成整个目标。

让人从零开始直到终点，通常也是困难的，而从某一中间阶段开始，很好地暗示用户他们比实际情况更接近目标，便可以促使他们更想完成任务。此时的任务，已经被定义为执行中的任务，而不是尚未开始的任务。

电子签名应用 DocuSign 以一定的完成量来吸引用户继续使用，即默认 6 个清单任务中只剩下 5 个未完成，如图 12-7 所示。

图 12-7　DocuSign 引导用户从第 2 步开始使用

12.2.5　呈现进度

进度条的前进反馈会给人进步和接近目标的感受，产生更多动力去完成任务。根据目标梯度效应，当我们越来越近目标时，动力也会随之增加。同时，进度条又可以很好地提醒用户，他们仍有待完成的任务，以此来督促他们继续执行。

人力资源应用 Gusto 通过进度条来暗示用户信息填写的进度，并激励用户继续填写信息，如图 12-8 所示。

12.2.6　庆祝胜利

根据峰终定律，人们主要基于 2 点来评价过去的体验。
- 在体验最高峰时的感受。
- 当事情结束时的感受。

在用户体验环节上，我们可以通过庆祝胜利来营造和加强峰值体验，让用户拥有更加愉悦的心情，从而促使他们去积极地创造更大的成就。

第 12 章　促使用户行动的 3 个因素

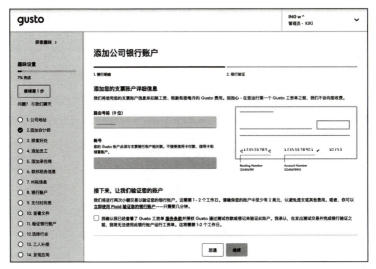

图 12-8　Gusto 进度条

项目跟踪和管理应用 Asana 在用户完成任务时会进行庆祝，以此来加强用户的积极感受，推动他们继续完成更多任务，如图 12-9 所示。

图 12-9　Asana 的庆祝效果

对于新用户而言，创建一个广告邮件可能是一个困难的过程。当用户成功发送邮件后，营销平台 MailChimp 会向用户"击掌"，以表达庆祝，如图 12-10 所示。

图 12-10　MailChimp 的庆祝效果

12.2.7　提供奖励

人们会因为外界的刺激和诱惑而采取行动，例如金钱、地位、认可甚至压力。特别在任务启动阶段，一定的奖励可以有效激励用户采取行动，提升参与度。

客户支持应用 Crisp 通过试用天数的奖励，来推动用户绑定多个渠道服务。同时，也利用了宜家效应促使用户最终进行订阅，即人们对一件事付出的劳动或者情感越多，就越容易高估它的价值，如图 12-11 所示。

第 12 章 促使用户行动的 3 个因素

图 12-11 Crisp 行为奖励

12.3 提升能力或降低使用难度

提升能力有两个途径，一个是培训用户，让用户拥有完成任务的能力，另一个是降低使用难度，让任务变得简单。

12.3.1 指导和教育

对于新用户或者复杂的产品，可以通过提供操作指南和教育内容，来帮助他们更好地上手和使用，例如功能演示、操作示例和最佳实践。基于就近原则，产品内的指导和帮助会更加方便用户，避免用户在操作区和帮助中心之间来回切换。

连接应用和服务的自动化工具 Zapier 在主页右侧提供了详细的操作指南和说明，以帮助用户成功对接应用，如图 12-12 所示。

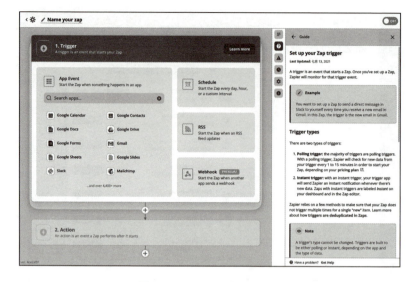

图 12-12　Zapier 应用内指导

12.3.2　降低认知负荷

认知负荷是指完成一项任务所需的精神努力总量。在设计产品时，我们可以将其理解为交互成本，即用户为达到目标，与对象交互时所付出的脑力和体力。某种程度上而言，人们在系统达成目标时，所付出的努力越多，系统的可用性就越差。

基于交互成本的视角，我们在进行产品设计时，可以对项目进行拆解，考虑如何降低用户的投入成本，以达到简单易用的效果。例如，将复杂的任务拆解成小型且易于操作的多个步骤，方便用户执行；通过图片、动画或视频的方式提供帮助，降低用户的理解难度；缩短和简化流程或步骤，减少可能存在的摩擦，促使用户更快地实现目标。

使用电子商务应用 Shopify 设置在线商店，虽然听上去让人望而生畏，但是 Shopify 将开店流程拆解成了 3 个部分，通过直观、简洁的方式促使用户自主开店，如图 12-13 所示。

图 12-13　Shopify 流程化引导

12.3.3　渐进式披露

渐进式披露是产品设计中较为常见的一种模式，即将内容拆分成更小、更易消化的块，并在需要的时候显示。渐进式披露既避免了全部呈现时给用户造成压迫感和恐惧感，又使得用户更易于理解且能够专注于当前的任务。例如在 Onboarding 初始过程中，仅显示产品的核心功能，并随着用户逐渐熟悉，慢慢推出其他功能，既让新用户的界面保持简洁，易于理解和上手，又能够伴随着用户的成长，不断交付更多的价值。

可视化项目管理应用 Monday 通过渐进式披露，一步步引导用户建立任务，开启产品的使用之旅，如图 12-14 所示。

图 12-14　Monday 逐步引导

12.3.4　智能默认值

智能默认值即为用户选择推荐的值，例如表单中的地区就可以根据当前 IP 自动选择默认值。通常，我们可以根据用户曾经提供的数据、其他用户选择的历史数据以及上下文信息来设置默认值。

屏幕录像应用 Loom 在用户创建工作区时，名称默认为"用户名"+"Workspace"，如图 12-15 所示。

图 12-15　Loom 提供的默认值

12.3.5　提供模板

对于未接触过的事物，人们总是充满了陌生感。我们有时候会倾向于看看别人是怎么做的或者怎么用的，如果有现成的模板或者参考，我们则更有可能采取行动并进行尝试。提供模板就是降低用户上手难度的有效方式。

营销自动化应用 Encharge 基于不同场景和使用目的，提供了多种自动化流程模板，对于没有经验的用户而言，可以根据自己的需要进行选择，有效避免了用户无从下手、从零摸索的困境，如图 12-16 所示。

图 12-16　Encharge 模板

12.3.6　消除模糊

信息模糊会让人产生不安全感，而不安全感可能会让人不采取行动，停滞不前。降低这一风险最好的方法是明确信息，这样用户才会对当前的行为产生信心。

在线聊天和帮助平台 LiveChat 对聊天窗口的设置进行了优化，提供了效果预览，用户所见即所得。同时，右下方还提供了在线测试，打消部分用户对没有预览就更新的担忧，如图 12-17 所示。

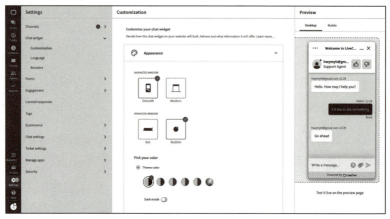

图 12-17　LiveChat 实时预览

12.3.7　轻推

轻推是一种温和的引导，在保留用户选择权的情况下，通过一些"小心思"间接地引导用户做出特定的选择。例如，自动键入输入框的光标、默认选中最受欢迎的套餐等。

文档工具 Delibr 利用自动键入光标，通过占位符文本对需要输入的信息给予参考，如图 12-18 所示。

图 12-18　Delibr 自动键入

12.4 有效触发

触发是提醒行动的信号。触发用户行为除了动机和能力,还需要提供合适的触发点。

12.4.1 行为触发

以用户已做或未做的事情为触发条件,在正确的时间向正确的用户发送正确的消息。分发渠道(能够接触到用户的载体)可以分为 2 种。

- ❑ 产品内:在产品内部弹出提示,例如 11.1 节介绍的 UI 设计模式。
- ❑ 产品外:从产品外部发送提示,例如短信通知、微信模板消息、电子邮件等。

在线文档应用 Google Doc 在用户鼠标右键粘贴时,会弹出安装插件或使用快捷键的提醒,如图 12-19 所示。

图 12-19 Google Doc 行为触发

视频托管应用 Wistia 对于注册成功却没有上传视频的用户,

会在第二天向其发送邮件，邮件内容为参考视频和制作视频的教程，如图 12-20 所示。

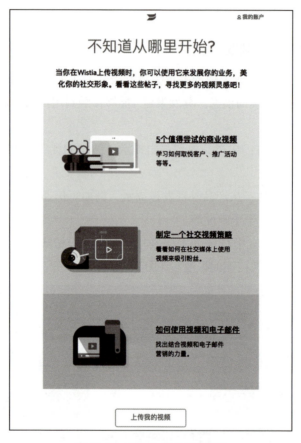

图 12-20　Wistia 邮件新手教学

12.4.2　场景触发

触发的前提是当前用户处于特定场景且满足一定的规则条件。客户管理应用 HubSpot 在用户使用邮件序列并尝试粘贴文本时弹出提示框，告知他们有关邮件模板的信息。这是一个及时且与用户当前需求相关的提示，有效地驱动用户使用该功能，如图 12-21 所示。

图 12-21　HubSpot 行为触发

12.5　本章小结

本章我们通过行为模型，介绍了影响用户采取行动的 3 个因素——动机、能力和触发器。我们在进行产品设计时，可以通过增加动机、提升能力或降低使用难度和找到有效的触发器来推动用户采取行动，从而帮助用户顺利踏上实现产品价值的道路。

第四部分

SaaS 留存

> 生意的成败,取决于能否使第一次购买的顾客成为固定的常客。
> ——松下幸之助,松下电器创始人

流失一直以来都是业务增长的无形杀手。我们需要一个强大的保镖,来呵护业务的不断成长和持续发展。同时,SaaS 业务的订阅模式也决定了攻和守缺一不可。正所谓,既要想方设法获取客户,也要千方百计留住他们。

第四部分将重点介绍 SaaS 模式中常被忽略的模块——留存。我们需要全面认识留存并了解重视留存的原因,还需要掌握留存的产品策略。

第 13 章 CHAPTER

全面认识 SaaS 留存

如果没有留存，SaaS 就像一个满是漏洞的桶，不管我们在获客上投入了多少精力，客户都会从一个个漏洞中流失。这使得我们将无法拥有长期的客户，不能维持有效的增长，难以获得可观的利润。在修补漏洞之前，我们需要先认识漏洞、识别漏洞，漏洞的位置和大小对客户流失的影响程度不一样，修复的方式也略有不同。

本章先介绍留存的定义，然后通过群组跟踪进行队列分析，区分漏洞好坏并划分阶段，以方便我们更好地对留存问题进行聚焦。最后，我们将从留存的敌人——流失入手，介绍可以改善的留存因素。

13.1 什么是留存

简单地说，留存就是当前对象继续使用产品或服务。在 SaaS

中，根据使用对象的订阅情况，可以分为用户留存和客户留存，如图 13-1 所示。

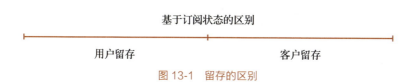

图 13-1　留存的区别

用户留存的目标是促使用户完成首次订阅，而客户留存的目标则是鼓励客户继续订阅，甚至升级。我们在设计产品留存策略时，也是基于这 2 个目标进行的。

13.2　2 种留存曲线

跟踪留存的最佳方式是先划分群组，然后进行队列分析。队列分析展示了一段时间内用户聚合的使用数据，如图 13-2 所示。我们也可以将队列数据转换成折线图，以便更加直观地查看用户留存随着时间变化的趋势。

注册后的月活跃情况 →

注册月份 ↓		1	2	3	4	5	6	7
	1 月	100%	25%	21%	19%	18%	18%	18%
	2 月	100%	32%	28%	24%	20%	18%	
	3 月	100%	28%	24%	23%	19%		
	4 月	100%	35%	31%	27%			
	5 月	100%	38%	35%				
	6 月	100%	40%					

图 13-2　队列数据示例

留存曲线会随着时间的推移呈现下降趋势，其中又可以分为好的留存曲线和差的留存曲线。好的留存曲线下降的趋势更加稳定，且会在某一时刻趋于平滑，这表明有一部分用户在产品中找到了长期价值,进而继续使用;而差的留存曲线整体变化趋势更加陡峭,且持续不断地趋近于 0,这意味着绝大多数的用户在短时间内都离开了产品和服务,如图 13-3 所示。

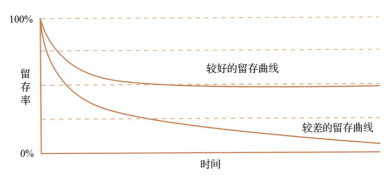

图 13-3　2 种留存曲线

在 SaaS 产品的初创期,我们通过观察和跟踪留存曲线,可以判断产品与市场的契合度。如果曲线很快呈现平缓态势,这就是一个很好的契合状况,意味着我们可以加大投入,扩张市场。反之,则意味着需要持续不断地改进产品,甚至思考当前目标客户的定位是否准确。

13.3　留存的 3 个阶段和相应措施

我们知道了好的留存曲线和差的留存曲线之间的区别,那么应该如何改善差的留存呢?在回答这个问题之前,我们首先需要对留存进行阶段划分。这样做可以帮助我们更好地聚焦,从而进行有针对性的改善,最终得到好的留存曲线。基于用户阶段和留存时间,可以将留存划分为 3 个阶段:初期留存、中期留存、长期留存,如图 13-4 所示。

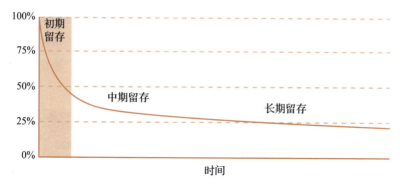

图 13-4 留存的 3 个阶段

13.3.1 初期留存

初期留存用户的流失率通常会很高,这是因为大多数用户注册时是抱着看一看、试一试的心态,根据试用情况来决定是否继续使用。初期留存阶段用户流失通常有 2 个原因。

- 在营销渠道和内容策略方面获得了并不匹配的用户,致使最终流失。
- 在 Onboarding 阶段没有让新用户获得他们想要的价值,用户判定该产品与他们的需求不匹配,最终失望地离开。

在内容宣传方面,我们需要基于目标受众,清晰地解释产品是什么、能解决什么问题以及拥有怎样的核心价值。同时,切记避免虚假宣传和过度承诺。

当用户开始使用产品时,我们需要尽快让他们体验到产品的核心价值,到达 Aha 时刻,以俘获他们的芳心。通常而言,可以先考虑提高初期的用户留存率,这种提高更具连锁价值。提高初期留存率,对提高中后期的留存率也会产生积极的影响。

开源博客和内容发布平台 Ghost 通过查看用户从试用到付费的数据,发现添加自定义主题到博客的用户转化率是试用默认主题的

10倍,其中用户的3个行为对最终的订阅转化影响最为显著,分别为发布第一篇博客、上传自定义主题和添加域名。基于这样的观察,Ghost创建了这3个事件的任务清单,来引导新用户操作,进而提高转化率,如图13-5所示。

图13-5 Ghost任务清单

13.3.2 中期留存

当我们顺利跨过初期留存阶段后,接下来是更大的挑战。在中期留存阶段,主要面临2个问题:取代用户原有的工作习惯或流程,围绕我们的产品价值建立新的工作方式;搭建与用户之间的连接,为离线沟通和客户培育提供通道。

如果用户未能将产品运用到工作中或者无法有效地使用产品,那么就不太可能获得足够的产品价值。长此以往,一定会流失的。在中期留存阶段,通过优化操作体验、改善服务质量、培育客户成长、提升产品质量以及围绕产品核心价值添加更多的功能,都可以增加用户继续使用产品的意愿。

对于用户来说，使用企业级 SaaS 产品通常需要经历一段有难度且耗时的学习过程。我们需要在产品可用性方面把好关，好上手能够有效降低用户的使用难度，帮助他们愉悦地获取产品价值，并拥有不断前行的动力。在理想的情况下，中期留存阶段的留存曲线趋于平缓，留存下来的客户将持续使用产品和服务。

如图 13-6 所示，在线沟通应用 Intercome 除了提供常规的入门指南外，还搭建了清晰的产品采用阶梯，使得客户能够持续地、自主地深入探索，目的是让客户使用产品的程度更广更深、累积的价值越来越多，最终达到客户长期留存。

图 13-6　Intercome 上手指南

13.3.3　长期留存

市场环境、客户需求以及竞争格局的不断变化，都注定了

SaaS 留存是一场持久战。长期留存的关键目标是客户升级套餐和追加订阅，当客户能够从产品中获得更多价值时，也会愿意投入更多的时间和成本，促使他们的业务与我们的产品绑定得更加牢固。同时，更多的互动，也会促使双方的关系更加密切。

此外，我们还需要对非活跃的用户进行重新激活。可以围绕核心价值来不断改进产品及服务，通过产品内或产品外的渠道告知用户，并直观地展示给他们，以此来吸引他们再次使用。

Evernote 云笔记就是一个很好的案例，它的留存曲线看起来像是一个"微笑"，这表明 Evernote 通过持续改进，有效地吸引了用户重新使用产品，如图 13-7 所示。

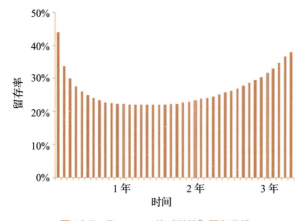

图 13-7　Evernote 的"微笑"留存曲线

办公协作应用 Dropbox Paper 通过向不活跃用户的邮箱发送介绍版本更新和改进内容的邮件，向用户提供继续使用的动力，如图 13-8 所示。

当我们对留存的阶段有了清晰的认识后，接下来就要具体分析到底是什么因素影响了留存。

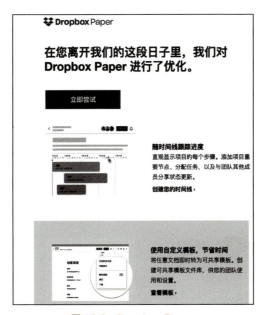

图 13-8 Dropbox Paper

13.4 影响留存的 2 种因素

在留存的自卫战中,流失就是我们的敌人。常言道:知己知彼,百战不殆。我们对敌人了解得越多,打胜仗的概率也就越大。我们可以将流失大体上分为 2 种:可避免的流失,指未体验到产品价值,或者由于产品自身缺陷、服务较差、未及时处理反馈等原因造成的流失;不可避免的流失,例如客户的业务调整、关停、利益相关者更换,或一些不合理的要求等 SaaS 厂商无能为力的原因。

不可控制的因素造成的不可避免的流失自然不是我们关注的重点,我们需要重点关注可避免的流失。

可避免的流失可以具体细分为 2 种。

❏ 主动流失,由客户主动终止订阅而产生的流失,例如对产品不满、没有获得期望的价值等。
- 被动流失，由于扣款失败而导致的订阅终止，例如自动续费功能关闭、账户资金不足、支付系统出现问题等。

13.5　2类可改善的留存因素

留存本身是一个受复杂因素影响的综合结果，其中有很多因素会影响到客户和SaaS厂商之间关系的持续性。在进行产品设计时，我们应在SaaS厂商的能力范围内进行留存因素的挖掘。可改善的留存因素包括主动留存因素和被动留存因素。

13.5.1　主动留存因素

主动留存因素可以用作积极留存策略的手段，例如创造愉悦体验、增加感知价值、提升用户参与度等。有趣的是，主动留存因素和主动流失因素一样，处理得当将提高留存，处理不当则加速流失。

主动留存因素主要有以下7种。

1. 产品价值

现代商业以产品为媒介与用户进行交易，从而完成盈利。从本质上讲，交换的并不是产品这个媒介，而是产品背后能给用户带来的价值。在现代经济学中，认为"自愿交换"是生产性的，从任何一方的角度来看，他们都是以较低的价值去换取自己认为具有更大价值的东西，当交易达成时，双方的财富都得到了增加。

基于以上2点，我们回归到SaaS，可以看出留存的根本是用户认为获得的价值比付出的价值更多，从而进行持续订阅。

2. 客户成功

传统的软件厂商通过直接销售产品来完成获利。而SaaS不一样，SaaS 盈利依赖于经常性收入。这意味着客户必须能够从我们的产品中不断获得价值，取得业务的成功，才会持续订阅。

可以说 SaaS 业务的成功本质上取决于客户的成功，我们需要主动地教育客户来充分利用产品，以助力他们取得成功。

3. 价格感知

价格仅仅是数值上的表达，并不能决定一个物品是贵还是便宜，这其中还需要和客户感知到的价值进行比较。在 SaaS 中，产品设计工作除了要做"有用"的产品，还要做会"透露价值"的产品，毕竟没有人会持续购入他们认为并不划算的东西。

4. 使用体验

良好的使用体验不仅能够提高客户的生产力、给客户带来愉悦感以及增加用户黏性，还能降低产品使用和推广的难度。相反，糟糕的使用体验，不仅增加了客户的学习和使用成本，还会留下负面印象，甚至可能把客户拒之门外。

对于成熟或逐渐成熟的产品而言，同行之间的解决方案会日益趋同，此时功能不再是彼此之间竞争的优势，反而使用体验会成为客户是否采用的关键因素。

5. 服务支持

即使我们能够创造出完美的产品，基于认知偏差，客户依然可能遇到问题。为了防止在出现问题时，因客户产生愤怒和失落感而流失，此刻提供及时且良好的支持就显得尤为重要。

把这个问题反过来看，客户遇到问题对 SaaS 厂商而言也是一种机会，雪中送炭可以增进客户关系以及客户对我们服务的满意度。

6. 系统稳定性

稳定性关乎产品的质量，决定了 SaaS 产品是否可以被正常地使用。当然，系统不稳定还可能造成数据丢失和经济损失，从而给客户留下不可靠、难以托付的印象。

7. 安全和隐私

安全和隐私是 SaaS 领域老生常谈的问题。客户数据通常存储在 SaaS 厂商的服务器上，数据加密和安全防范是厂商的责任。数据往往绑定着商业利益，数据泄露既有可能来自外部的攻击，也有可能来自内部盗取。不管出于什么原因，一旦发生泄露，对 SaaS 厂商的信誉和口碑都会产生广泛的消极影响。

13.5.2 被动留存因素

被动留存因素是由于一些限制或者出于沉没成本的考量，致使客户决定继续使用。被动留存因素通常受限于切换产品的障碍，这些因素主要包括切换成本、使用习惯、订阅限制。

1. 切换成本

与客户业务绑定紧密、数据累积多、使用程度深，都会在无形中累加客户使用后期的切换成本。只有当新产品的价值＞旧产品的价值＋迁移成本的时候，客户才有切换产品的现实意义。以笔记类应用为例，用户沉淀的内容多，切换产品时高昂的成本就会成为巨大的反向牵引力。

2. 使用习惯

人们对于熟悉的事物会更有安全感，学习和适应新事物，会让人产生本能的抗拒。对于 SaaS 产品而言，制订容易且有效的上手计划，既能够帮助客户较快地将产品融入日常工作，也有利于培养客户的使用习惯。一旦形成使用习惯，会抑制人们想要改变的意愿。

3. 订阅限制

SaaS 订阅通常有年度订阅和月度订阅两种方式。一次订阅的时间越长，在无形中绑定客户的时间就越久。在一年内，年度订阅客户的流失机会只有 1 次，而月度订阅客户的流失机会有 12 次。

在年度订阅方面，客户通常需要一次性支付较高的费用，这会促使他们投入更多的精力，更积极地使用产品。此外，年度订阅也增加了客户对产品和服务的容忍度，即使使用时有些不悦，出于合同的限制也会继续使用下去。

在月度订阅方面，使用初期会降低客户的决策成本，实现更快的交易。但同时，由于订阅的时间周期短，后面将会不断面临是否继续订阅的状况，厂商需要更加努力地做好产品和服务。

13.6 本章小结

本章首先介绍了留存的定义，并基于 SaaS 特性分别介绍了用户留存和客户留存。然后通过跟踪留存的变化情况，绘制留存曲线，使得我们可以清晰地了解坏的留存与好的留存之间的区别。之后对留存进行了阶段划分，以便于我们更好地聚焦留存问题并进行有针对性的改善。同时，我们也对留存的敌人——流失，进行了拆解，以便更好地看待流失的问题。不是所有的流失都是 SaaS 厂商的原因，我们应该从自己力所能及的地方进行改善。最后，我们对留存因素进行了逐一探讨，这也为制定留存策略提供了更多的参考角度，使得我们能够更加全面地修补漏洞。

第 14 章 | CHAPTER

重视留存的 6 个原因

虽然可以通过获取新客户来实现业务增长，但是对于依赖经常性收入的 SaaS 而言，持续的客户价值更具吸引力。这同时也要求我们在获取新客户的基础上，对现有的客户保持高留存，因为只有当两者都发挥作用时，我们的 SaaS 业务才能拥有更高的回报。

本章将主要从 6 个角度详细解释为什么要重视留存。正所谓痛之深、改之迫切，只有建立深刻的意识，我们在设计 SaaS 时，才会进行深入的思考，以及身体力行地加入相关工作。

通常情况下，获客是大多数企业的重要战场和关注的核心焦点。对于基于订阅模式的 SaaS 而言，事情远没有那么简单。

我们将获客比作使用一个容器向"市场"这口井里取水，假如这个容器是一个竹篮，结果可想而知。在 SaaS 领域想要获得长久的成功，获客和留存缺一不可。我们的获客视角需要从原来的漏斗型转向沙漏型。既要不断吸引新客户，也要留住老客户，如图 14-1 所示。获取新客户只会产生初始的销售收入，客户留存才能够带来经常性的收入。

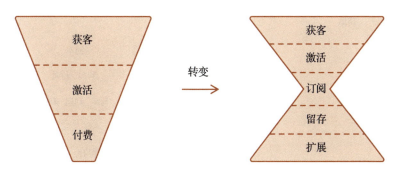

图 14-1　获客视角的转变

14.1　订阅特性

SaaS 收费模式是订阅制，即在销售达成时，不会一次性产生所有的收益，而是需要客户持续使用及订阅来不断获得收入。客户留存的时间决定了客户生命周期价值。

由于获客成本需要客户的收入进行覆盖，因此客户留存周期和回收成本周期的时间差，决定了 SaaS 厂商的盈利情况。此外，高留存不仅能帮助 SaaS 厂商收回成本，还能带来利润。于是便有了更多的资金投入到新一轮的获客中，循环往复，使得原本不高的利润在高留存的环境下产生了滚雪球的效应，如图 14-2 所示。

这里举一个案例，有一家 SaaS 公司的获客情况如下。

- 每月客户的订阅费用均为 100 元；
- 该公司每月获取 1000 个客户；
- 平均获客成本 400 元。

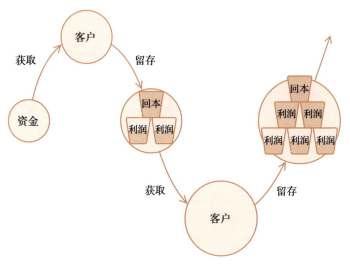

图 14-2 高留存的价值

通过计算得出该公司每月获客总成本为 40 万元，假设 3 种状况，如表 14-1～表 14-3 所示。

在 A 状况下，该公司需要 9 个月才能收回成本。在 B 状况下，6 个月就可以收回成本了。而在 C 状况下，却亏损了 50%。可见留存的好坏，深刻地影响着 SaaS 厂商的现金流和市场运作的资金成本。

第 14 章　重视留存的 6 个原因

表 14-1　A 状况下，从第 4 个月开始，客户留存率恒定降到 25%

月份	第1个月	第2个月	第3个月	第4个月	第5个月	第6个月	第7个月	第8个月	第9个月
客户数（个）	1 000	750	600	450	250	250	250	250	250
留存率	75%	60%	45%	25%	25%	25%	25%	25%	25%
每月订阅费（元）	100	100	100	100	100	100	100	100	100
收入（元）	100 000	75 000	60 000	45 000	25 000	25 000	25 000	25 000	25 000
累计收入（元）	100 000	175 000	235 000	280 000	305 000	330 000	355 000	380 000	405 000

表 14-2　B 状况下，从第 4 个月开始，客户留存率恒定降到 45%

月份	第1个月	第2个月	第3个月	第4个月	第5个月	第6个月
客户数（个）	1 000	850	700	550	450	450
留存率	85%	70%	55%	45%	45%	45%
每月订阅费（元）	100	100	100	100	100	100
收入（元）	100 000	85 000	70 000	55 000	45 000	45 000
累计收入（元）	100 000	185 000	255 000	310 000	355 000	405 000

表 14-3　C 状况下，从第 4 个月开始，客户留存率降到 0%

月份	第1个月	第2个月	第3个月	第4个月	第5个月
客户数（个）	1 000	550	300	150	0
留存率	55%	30%	15%	0%	0%
每月订阅费（元）	100	100	100	100	100
收入（元）	100 000	55 000	30 000	15 000	0
累计收入（元）	100 000	155 000	185 000	200 000	200 000

14.2 留存即增长

每月 5% 的客户流失,听上去好像不严重。然而算下来却意味着每年有 46% 的客户流失,这将严重影响公司收入,同时极大地抑制着 SaaS 厂商的增长。

$$年流失率 = 1-(1-m_1) \times (1-m_2) \times \cdots \times (1-m_{11}) \times (1-m_{12})$$
$$= 1-(1-0.05) \times 12 \approx 46\%$$

假设有 A 和 B 两家公司,留存情况如下。

❏ A 公司每年获得 1000 个新客户,年留存率为 95%;
❏ B 公司每年获得 1500 个新客户,年留存率为 70%;
❏ A 公司和 B 公司每年每客户订阅费用是一样的。

基于以上数据,我们按年划分群组,列出 A 公司和 B 公司的客户留存情况,如表 14-4、表 14-5 所示。

表 14-4 A 公司年留存率为 95%

年 限	第 1 年	第 2 年	第 3 年	第 4 年	第 5 年
第 1 年群组	1 000	950	902	857	814
第 2 年群组		1 000	950	902	857
第 3 年群组			1 000	950	902
第 4 年群组				1 000	950
第 5 年群组					1 000
总客户量(个)	1 000	1 950	2 852	3 709	4 523

表 14-5 B 公司年留存率为 70%

年 限	第 1 年	第 2 年	第 3 年	第 4 年	第 5 年
第 1 年群组	1 500	1 050	735	515	360
第 2 年群组		1 500	1 050	735	515
第 3 年群组			1 500	1 050	735

(续)

年　限	第 1 年	第 2 年	第 3 年	第 4 年	第 5 年
第 4 年群组				1 500	1 050
第 5 年群组					1 500
总客户量（个）	1 500	2 550	3 285	3 800	4 160

通过表 14-4、表 14-5，我们可以清晰地发现，虽然 B 公司的获客能力比 A 公司高出 50%，但是 A 公司凭借良好的留存率，第 5 年收入开始超过 B 公司。

观察 Salesforce 在 2019 年的财报数据可以发现，73% 的新销售业务来自现有客户。在现有客户中，新增座席或升级套餐的占 49%，交叉销售的新产品占比 51%。由此可见留存对 SaaS 收入持久增长的重要性。

然而，在 2005 年，Salesforce 的月度流失率高达 8%。若无新客户的维持，在一年后，现有客户将流失超过半数。当时扩展欧洲市场的 Dempsey 在公司会议上揭露了此事的严重性，也让 Salesforce 的 CEO Marc Benioff 意识到了危机，从而在公司范围内推动了关注、衡量和减少客户流失的计划。今天回过头来看，可谓意义重大。

14.3　市场竞争激烈

随着云计算以及相关技术的发展、资本的推动、市场的教育，同一类型的竞品越来越多，并呈指数级增长，丝毫没有放缓的迹象。如今的 SaaS 厂商不再是和少数对手之间竞争，而是与数十个甚至数百个厂商一较高下。这不仅增加了获客难度，也增加了营销成本。由 ChiefMartec 发布的每年营销技术版图中的厂商数量增长趋势可见一斑——从 2011 年的 150 家增加到 2020 年 8000 家，如图 14-3 所示。

崔牛会发布的中国企业服务云图囊括了超过 2500 家 ToB 企

业，分为 16 个大分类，19 个小分类。可以预见的是，SaaS 领域的各个赛道只会越来越拥挤，竞争越来越激烈。通过增加或优化功能拉开竞争差距的时间周期也在逐渐缩短，同行之间会快速地响应竞争，以避免落入下风。

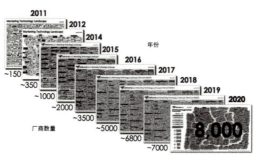

图 14-3　ChiefMartec 营销技术版图

还有一个值得注意的现象是，越来越多的 SaaS 公司在原有业务的基础上，不断扩展自身业务，通过提供一站式的解决方案和产品套件，尽可能多地绑定客户业务，以实现客户价值最大化。今天的上下游合作伙伴，明天就有可能变成竞争对手。

我们从 Zendesk 的发展中能很明显地看出这个路径。Zendesk 于 2007 年成立，从最初的工单系统，不断扩展出呼叫中心、客服系统、知识库、销售自动化以及 CRM 等产品，逐渐覆盖客户服务的方方面面，如表 14-6 所示。

表 14-6　Zendesk 产品体系

名　称	产品性质	功　能
Support	工单系统	综合客户支持，将 Zendesk 各业务串联起来，用于跟踪、确定优先次序和解决客户支持工单
Talk	呼叫中心软件	主动进行呼出营销、回访等
Chat	实时聊天软件	人工客服负责接管客服机器人不能解决的问题以及客户进一步的服务需求

（续）

名称	产品性质	功能
Guide	客服机器人+知识库	解决大部分简单、重复的客户提问以及为客服人员提供支持
Sell	销售人员自动化软件	提高销售团队的生产力，优化流程和监控销售渠道，使销售代表和管理层随时能够访问、分析和协作处理相关交易信息
Explore	数据分析工具	统一所有 Zendesk 产品和第三方来源的数据，提供数据应用分析以衡量和了解整个客户体验，帮助提升客服效果，实现精细化运营
Connect	主动广告软件	根据行为或个人资料创建客户群，实现精准化的主动广告推送
Sunshine	基于 AWS 的开放 CRM 平台	一个客户关系管理平台，使得企业能够连接和集成客户通过使用 Zendesk 产品产生的数据，并使得公司更容易通过 API 接口从 Sunshine 内外获取数据

此外，基于软件评测和 SaaS 厂商信息聚合平台的发展，降低了客户获得同类厂商信息的难度，客户主动进行的直接对比也加剧了厂商之间的竞争。著名的 G2 软件测评网站就对相同类别的软件进行了聚合和对比，如图 14-4 所示。

图 14-4　G2 软件类别

14.4　投资回报率高

天下熙熙皆为利来，天下攘攘皆为利往，商业市场的行为更是如此。我们通过以下数据可以看出客户留存所具有的高性价比和可观收益。

- 更少支出：Invespcro 的统计数据显示，获得新客户的成本比保留现有客户的成本高出 5～25 倍。
- 更多利润：Bain & Company 的 Frederick Reichheld 的研究表明，将客户留存率提高 5%，可将利润率提高 25%～95%。
- 更易销售：根据 Marketing Metrics 的统计，向现有客户进行销售的成功率为 60%～70%，而向新客户进行销售的成功率仅为 5%～20%。毕竟，现有客户对我们的产品以及服务的价值更加熟悉。
- 持续回报：Totango 首席执行官 Guy Nirpaz 建议订阅业务公司收入的 70%～95% 来自续订和追加销售。
- 免费推荐：据 KPMG 调查，大约 86% 的忠实客户会向亲友进行推荐。在社交网络上，人们也很愿意发表使用感受，良好的口碑会帮助我们获得更多的客户。
- 积极反馈：长时间使用产品的客户会更积极地反馈意见和想法，从而帮助我们更好地改进业务。

2019 年 ProfitWell 对上千家基于订阅业务的企业进行调研后发现，与 6 年前相比，ToB 公司的客户获取成本增加了近 70%，ToC 公司的客户获取成本增加了 60% 以上。在我国，人口红利逐渐消失，SaaS 市场竞争越来越激烈，使得获客成本不断增加。这从侧面反映出，在存量时代，SaaS 厂商投资留存具有极高的性价比。

14.5 客户更换成本降低

SaaS 业务模式本身的吸引力，也加大了留存的难度。

- ❑ SaaS 采用订阅付费模式，无须客户投入大量的前期资金，这决定了客户沉没成本相对较低，且随时可以更换厂商。
- ❑ 在 SaaS 行业中，通常采用免费试用模式和免费增值模式吸引用户使用，使得用户可以无风险地尝试大量产品。从另一个角度看，这也大大增加了用户流失的风险。

云存储技术使得当前数据迁移更加方便，切换障碍对客户留存的影响也在降低。在 Freshdesk 的官网就明确提供了迁移服务，从而帮助潜在客户顺利过渡，如图 14-5 所示。

图 14-5　Freshdesk 的迁移服务

14.6 融资和市场估值

如果 SaaS 厂商需要融资，那么风险投资公司会更加关注客户留存的情况，因为这在某些层面反映了该厂商的产品是否拥有市场契合度，是否有能力为客户提供可持续性的价值。

我们可以通过具体的数据推演来加以说明。假设一家 SaaS 厂商，年初的收入为 1000 万元，其他指标如下。

- 新客户 ARR 增长率为 40%。
- 年度收入流失率为 10%。
- 年度收入收缩率为 10%。
- 现有客户收入扩展率 20%。

那么，该厂商年度收入留存率为 80%，净年度收入留存率为 100%，公式如下。

年度收入留存率 =（期初年度收入 − 期间内降级损失收入 −

期间内流失损失收入）÷ 期初年度收入

净年度留存率 =（期初年度收入 + 期间内扩展收入 − 期间内降级损失

收入 − 期间内流失损失收入）÷ 期初年度收入

净扩展 ARR = 期间内扩展收入 − 期间内降级损失收入 −

期间内流失损失收入

基于以上数字，推算该厂商未来 5 年的收入情况，如表 14-7 所示。

表 14-7 该厂商未来 5 年的收入情况

年　　限	第 1 年	第 2 年	第 3 年	第 4 年	第 5 年
年初 ARR	1 000 万元	1 400 万元	1 960 万元	2 744 万元	3 842 万元
净新增 ARR	400 万元	560 万元	784 万元	1 098 万元	1 537 万元
净扩展 ARR	0 万元	0 万元	0 万元	0 万元	0 万元
年末 ARR	1 400 万元	1 960 万元	2 744 万元	3 842 万元	5 379 万元

5 年后，该厂商收入为 5379 万元。根据 GGV 对美国上市 SaaS 公司的研究，净收入留存指标与公司的市值紧密相关。一家净收入留存率为 130% 以上的公司，市场会给予预期公司未来一年收入的 20 倍估值。而收入留存在 110% 以下的公司，估值通常低于 10

倍。我们按照 10 倍的估值计算，那么当前该 SaaS 厂商的市值约为 5.4 亿元。

如果我们将年度收入留存率从 80% 提升至 90%，即：
- 年度收入流失率降低至 5%；
- 年度收入收缩率降低至 5%；
- 现有客户收入扩展率依然 20%。

那么，净年度收入留存率则为 110%，持续付费客户的情况如表 14-8 所示。

表 14-8　对持续付费客户的调查表

年限	第 1 年	第 2 年	第 3 年	第 4 年	第 5 年
年初 ARR	1 000 万元	1 500 万元	2 250 万元	3 375 万元	5 602 万元
净新增 ARR	400 万元	600 万元	900 万元	1 350 万元	2 050 万元
净扩展 ARR	100 万元	150 万元	225 万元	337 万元	560 万元
年末 ARR	1 500 万元	2 250 万元	3 375 万元	5 602 万元	8 212 万元

5 年后，该公司收入为 8212 万元，依然按照 10 倍的估值进行计算，该 SaaS 厂商的市值约为 8.2 亿元，相对于 5.4 亿元厂商的市值增加了 52%。

高留存使得复利效应的价值在 SaaS 模式中得到更有效地放大，这也是风险投资公司如此看重留存情况的根本原因。

14.7　本章小结

追求和获取新客户虽然令人兴奋，但是对于基于订阅业务的 SaaS 而言，更为关键的是保留客户。留住现有客户是产生经常性收入最为有效的方法，这也是 SaaS 业务在市场上获得长期成功的根本原因。

第 15 章 CHAPTER

留存的 4 个产品策略

现在我们对留存有了全面的认识，接下来我们从产品设计的角度看一看如何去做有关留存的工作。

15.1 用得值：围绕核心价值持续打造产品

对于企业级 SaaS 产品而言，客户是较为理性的，他们是为了满足某些需求才花钱订阅产品的。虽然一开始他们可能会因判断失误而订阅，但如果是持续不断地订阅，一定是因为产品的价值满足了他们的业务需求。对于 SaaS 厂商而言，围绕核心价值持续打造产品是培养忠实客户的根本策略。

15.1.1 明确价值主张

有时候，流失可能是早就埋下的隐患，比如目标用户并不匹配或者对于用户而言，产品无法满足他们的需求。在 SaaS 领域，价值主张是我们向用户作出的承诺，即能够给用户解决哪些问题，带来什么价值，只有相互匹配，才能长久合作。

明确价值主张主要有以下 3 点好处。

❑ 在网站或者其他宣传中明确价值主张，可以有效吸引潜在客户。

❑ 明确我们应该做什么范围内的生意，避免贪图那些并不匹配的收入。生硬的磨合，只会导致投入更多的成本，且大概率走向不欢而散的结局。同时，对于产品发展而言，还可能遭遇脱离正确轨道的风险。

❑ 专注服务于目标客户群体，努力满足他们的需求，促使他们成为产品的拥护者和推荐者，以此吸引更多的潜在客户。

客户服务应用 Groove 明确自己的定位是服务于中小型企业，它在主页中与 Zendesk 和 Freshdesk 进行了直接的比较，简单的结论是 Groove 更适合小型企业，Freshdesk 更适合中型企业，Zendesk 更适合大型企业，如图 15-1 所示。

图 15-1　Groove 官网首页的价值主张

15.1.2 持续更新和优化

一开始打动人心的产品价值,也会随着时间的推移,逐渐令人习以为常。此外,市场环境和客户需求的变化,也决定了 SaaS 厂商需要保持敏锐的嗅觉,及时更新和优化产品,从而保持市场竞争力,毕竟没有人想用一成不变且逐渐落后的产品。此外,持续的更新行为也在不断地向客户表明,我们的产品在不断地变得更好,值得他们一直拥有。

更新的内容可以是功能升级、体验优化、缺陷修复等。有关更新的频率,建议采取定期更新。这样可以让产品团队更加有序地安排工作,也会让客户在特定的时间保持期待。

通知中心应用 Beamer 在官网和软件使用页面罗列持续更新的内容,对新访客而言能够了解产品持续优化的特性,增加吸引力;对现有客户而言能够了解最近的更新内容,提高其参与度和使用率,如图 15-2 所示。

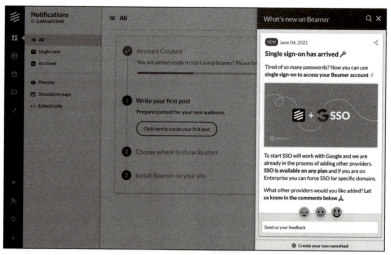

图 15-2　Beamer 应用内更新通知

15.1.3 定期报告产品价值

在电商领域，我们常会看到这样的产品手段：通过统计用户成为会员后累计已省的金额来证明其价值，从而促使用户在下一年继续充值会员。

在 SaaS 领域，我们也可以采取同样的手段，例如使用产品的统计信息、取得的业绩数据、达成的新等级等，展示客户从产品中获得的价值以及努力工作的证明。此外，通过数据对比，还能激励客户更努力地使用产品。最终，深度使用和参与不仅能提升客户的忠诚度，还能减少因使用率低而造成的流失。

客户数据平台 Segment 会每月向用户发送产品使用情况的统计信息。如图 15-3 所示，除了 3 个数据指标外，在下方的文字中还描述了量化后的集成价值，即帮助用户节省了 20 个小时的工作时间，以此激励用户加大投入，获得更高的收益。

图 15-3　Segment 的使用情况统计

15.1.4　主动寻求反馈

大多数流失用户会保持沉默，静悄悄地离开。我们需要采取更为主动的措施，对流失用户进行留存研究。

主动寻求反馈可以帮助我们识别当前产品和服务中的漏洞，甚至获得之前从来没有意识到的问题，从而更好地改进产品和服务。此外，多和用户交流，还可以培养我们的同理心，毕竟更好地理解客户，才能够持续不断地为他们提供优质的产品和服务。主动寻求反馈还会让客户感受到他们正在被关心，在他们提出建议后，也会更加关注结果。如果我们采纳了建议并积极采取行动，会激发他们的主人翁意识，变得更为积极和活跃，与我们的关系变得更为紧密。

通常，我们可以向以下 3 类对象寻求反馈。

- 对于当前正在使用产品的客户，了解他们选择我们的原因，可以帮助我们引导其他用户。
- 未付费的用户可以帮助我们发现阻碍转化的障碍，针对问题着手改善以便在以后赢得新客户。
- 流失的客户可以告诉我们离开的原因，从而避免同样的情况在其他客户身上再次发生。甚至给了我们解决流失问题，并且挽回他们的机会。

此外，随着时间的推移，客户体量增加，SaaS 产品的功能会越来越丰富、越来越复杂和臃肿。积极向客户寻求反馈，可以帮助我们了解产品的哪些功能或部分对于他们没有价值，以便进行削减或隐藏它们，降低产品的使用难度，改善用户体验。

图形设计应用 Canva 的增长小组发现在海报页面注册量虽然很高，但激活率低。通过向流失的用户进行邮件调查，得到的反馈是用户没有找到想要的功能。随后，他们继续向注册的新用户询问他们想要完成的工作，进而统计出客户最想制作的海报类型。

基于以上工作，Canva 进行了改版实验。在新用户进入 Canva 后弹出询问，然后根据用户的选择，突出适合该主题的图像和模板，如图 15-4 所示。通过统计，该调整使得海报产品的激活率增加了 10%。

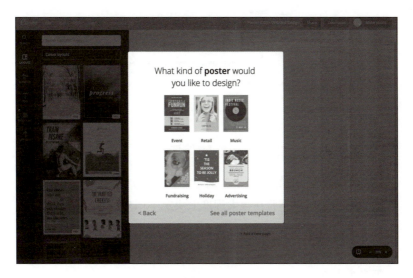

图 15-4　改版后的 Canva 页面

客户反馈和展示产品路线图应用 Convas 在网站上公开收集反馈和功能需求，并通过用户的投票和评论来进行需求验证。当开始优化时，也会向这些用户发送消息，告知他们接下来会进行的工作。这个过程既帮助了公司优化产品，也与用户建立了更有意义的连接，如图 15-5 所示。

图 15-5　Convas 反馈和路线图

15.2　用得顺：完善且良好的使用体验

SaaS 的成功虽然取决于产品本身，但在这之前，要先有用户愿意使用它。用户体验在很大程度上决定了用户是否使用以及使用的程度。当前用户体验的概念，也早已超出了线上领域，它包含在整个用户旅程中，从产品可用性、视觉外观、内容策略到服务与支持等多个方面。

15.2.1　以客户目标为导向的旅程

通常而言，客户成功是企业成功的前提。SaaS 订阅模式的特质决定了以客户为中心的导向，我们需要基于客户需求来塑造产品，并将客户的目标视为自己的目标。留存便是这段关系最好的见证。将客户目标拆分为一个个里程碑，并在旅程的各个阶段交付价值。毕竟，当客户感受到我们的产品正在逐渐帮助他们实现目标时，也就更愿意留下来，从而继续订阅。此外，里程碑为客户创造了动力、建立了成就感,也为我们提供了衡量和监控客户进度的指标。

语言学习应用 Duolingo 利用人们做出承诺后,更有可能采取行动的心理,要求客户设定每天学习时间的目标。完成后,在给予奖励的同时,还展示了持续完成的天数,以此为客户锚定了一个新的目标——连胜天数,促使客户养成每天使用的习惯,如图 15-6 所示。

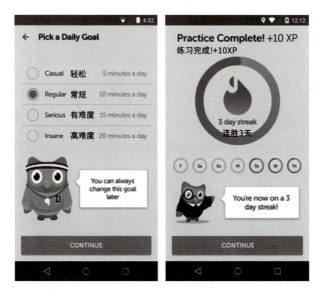

图 15-6　设定目标和连胜提醒

在此基础上,Duolingo 团队采取了进一步的行动。在课程结束时,向客户展示了"连胜下注"的挑战。挑战成功,会获得双倍的赌注,失败则会失去赌注,以此让客户挑战自己并保持动力。经过统计,投注客户比未投注客户的 7 天留存率增加了 14%,如图 15-7 所示。

图 15-7　Duolingo 连胜挑战

15.2.2　良好的产品体验

良好的 SaaS 产品体验，可以极大地降低用户的学习门槛，促使他们快速上手并将产品运用于工作，自然也就更有可能看到产品的价值并为之付费。同时，良好的产品体验还可以有效提高用户的生产力。工作效率越高，用户使用产品完成的工作也就越多，使用产品的时间也就越长，最终与产品建立起更深的关系。

此外，从成本的角度来看，良好的产品体验还可以有效降低转化、支持和教育方面的投入成本。毕竟复杂、难用的产品在转化上需要投入更多的时间和支持，且在后期的客户成功上也需要投入更多的精力。

有关 SaaS 的产品体验，我们可以从信息架构、任务流程、内容布局、UX 文本、视觉感官等方面进行审查和改进，保证可用性、提高易用性、创造愉悦性。越早将体验考虑到产品设计中，就越能发挥体验的价值，且投入的成本也是最低的。

第 15 章 留存的 4 个产品策略

图 15-8 为 Serhii Horban 发表在 UX Collective 的一则案例，原先用户进入产品后，需要自行探索功能和使用方法。经过改进后，将用户获得第一个结果的最小操作集合并到一个页面上进行引导，将流程消耗时间从原来的 2 小时缩短至 5 分钟，且用户转化率比之前提升了 60%。

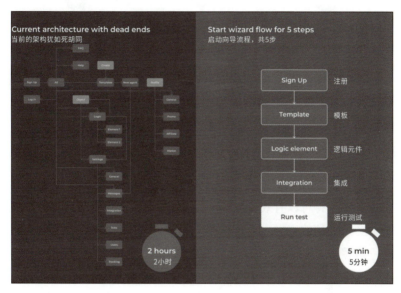

图 15-8　产品流程对比

用户使用产品管理应用 ProdPad 时，就像在玩"捡金币"的游戏，进行相关设置时会获得奖励（延长试用期），如图 15-9 所示。这个设计使得用户拥有更多动力去完成相关设置和操作，在不知不觉中完成了基本功能的使用。游戏化的产品设计产生了积极的影响，即增加了动力，给用户带来了良好的使用体验，也提高了用户继续使用的可能性。

图 15-9　ProdPad 的游戏化体验

15.2.3　及时的服务和支持

客户遇到问题时也是最需要我们提供帮助的时候。提供及时的服务和支持可以有效安抚客户的消极情绪,避免日积月累的不及时服务所导致的流失。

在产品内,提供明显且固定的帮助入口,向客户提供 7×24 小时在线咨询服务。对于常见的问题进行分类并撰写易于阅读的文档(分段分点、利用图片以及视频等技巧),在无人或人力紧张的情况下,用户可借助自助服务系统自行解决问题,避免焦急等待。

在产品外,支持全渠道(官网、微信公众号和电话等)反馈,帮助客户及时联系到我们。对于短时间内无法处理的问题,例如技术问题、新的需求、漏洞等,需要向客户呈现进度反馈和处理结果,以此来消除客户的顾虑。

对于高价值客户,SaaS 厂商可以提供专属的团队或对接人进行维系,以此保证服务的及时性,维持较高的满意度。

客户帮助应用 Help Scout 基于用户所在页面显示不同的问题,

且支持搜索功能。如果找不到自己关心的问题，或者问题无法很好地解决时，用户还可以通过在线咨询获取帮助，如图 15-10 所示。

图 15-10　帮助中心和在线咨询

15.2.4　应用内指南

在进行产品设计时，我们首先需要考虑用户的特征，然后以有效地设计手段做到操作简单、直白，并尽可能地使产品本身具有良好的"自我解释"能力。

理想的情况下，客户永远都不需要向我们寻求帮助，但由于事物本身无法避免的复杂性以及客户水平难以统一，因此我们仍然需要通过教育来填补客户的认知差距。在客户帮助中，应用指南是当前很多 SaaS 产品采用的一种方式，基于上下文和就近原则，将应用指南预先设定在产品内，用户无须离开产品就可以学习使用方法和完成任务。

对于新客户或者探寻产品更新的客户，应用指南提供了即时帮助，并鼓励他们进行自我探索和学习，既提高了生产力，也缩短了实现价值的时间。

客服系统应用 53KF 在个人设置中提供了可视化的预览和最佳操作指南,有效降低了理解难度和上手难度,从而帮助用户快速掌握操作与使用方法,如图 15-11、图 15-12 所示。

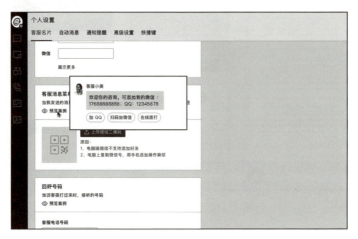

图 15-11　53KF 可视化说明功能效果

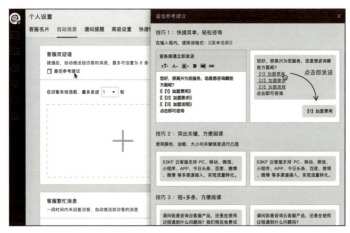

图 15-12　53KF 提供最佳参考建议

15.3 用得深：不断深入学习和运用

从经验和能力上，我们可将用户分为初级、中级和高级。通常而言，层级越高的用户使用产品越频繁，流失率越低。

在 SaaS 产品中，我们可以通过加深用户对产品的使用来促进用户成长。毕竟，使用得越深入，对产品和服务的依赖性也就越强，对业务的绑定也就越紧密，促使用户增加沉没成本，最终降低流失风险。

15.3.1 持续的教育

在 SaaS 中的教育，旨在通过提供不同形式的内容，来消除用户使用产品所需知识的鸿沟，使其有效利用产品实现业务目标。毕竟，就算产品拥有强大的功能，如果客户不会使用，也只能抱着沮丧的心情转向竞争对手。

虽然用户在产品使用初期就获得了业务价值，但出于长期留存的考虑，我们依然需要协助他们朝着长期目标不断前进，这是因为低采用和高流失是一对"孪生兄弟"。持续教育不仅能与客户加深关系，还能帮助他们体验和收获产品所能提供的更多价值和收益，促使他们成为更为忠诚的客户。

教育内容可包括名词解释、帮助说明、使用技巧、客户案例和最佳实践等内容。撰写较大功能模块的文档内容时，可以从业务价值、最佳案例、操作方法、经验技巧和常见问题等角度进行逐步编排。文本内容可以使用多级标题和分点说明，结合图片、动图或视频，降低对用户的能力要求，降低产品的使用难度。

网页设计和开发应用 Webflow 提供了从初级到高级的学习课程，此外还展示了不同类型、不同行业的作品和模板，供当前用户参考和学习，如图 15-13 所示。

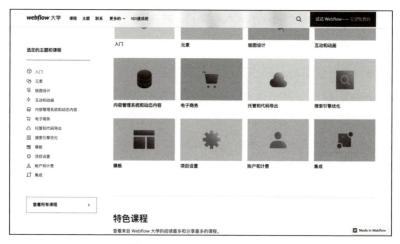

图 15-13　Webflow 学习课程

Webflow 的课程资源还会应用于邮件、软件内,以帮助用户更好地使用产品,如图 15-14 所示。

图 15-14　Webflow 网页案例和邮件

营销、销售和服务应用 HubSpot 通过 Hubspot 学院,来帮助客户提升专业技能。此外，通过游戏化（点亮徽章）和排位机制，激励用户持续参与并掌握使用方法，如图 15-15、图 15-16 所示。

图 15-15　Hubspot 学院主页

图 15-16　Hubspot 游戏化设计

15.3.2　引导和激励参与

促使人们采取行动的动机分为外在动机和内在动机。外在动机通常是可见的奖励，以激励人们参与一项任务。内在动机是一种来自内部的驱动力，它更多地依赖于情绪和欲望。

引导和激励是保持用户参与度的外在动机。在引导方面,通过将行为和收益进行绑定,可以有效吸引客户投入使用。在激励方面,我们可以提供折扣、积分、存储空间或新功能等方式来奖励客户。这些奖励会让他们感受到自己拥有特权以及被重视,进而持续使用产品。

需要注意的是,这些参与行为应该有助于客户实现他们的目的,而不只是营销活动。否则,就只是在打扰客户。

在线文档与协同应用语雀的用户创建文档、获得别人赞赏等行为均可获得"稻谷"。通过将"稻谷"关联到权益兑换,实现"货币"转化能力,又反向地推动用户积极使用产品,实现正向循环,如图 15-17 所示。

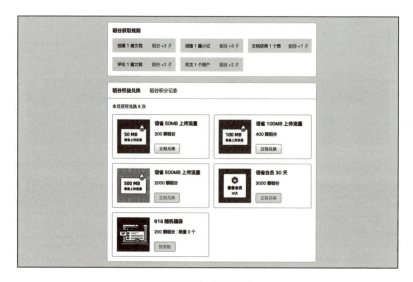

图 15-17 语雀稻谷

职场社交应用 LinkedIn 通过展示进度和透露收益(求职者填写 5 项及以上的技能,被发现的可能性将高出 27 倍),引导用户完善个人档案,并让他们拥有更强的职业竞争力,也让招聘人员可以找到更多合适的人才，如图 15-18 所示。

图 15-18　Linkedin 进度条引导用户完善档案

多合一协作应用 Notion 通过奖励机制，引导用户下载 Notion 不同端的应用，当用户在不同设备上进行安装，持续打开和使用产品的可能性就会增加，使用深度和黏性也会提高。更为巧妙的是，用户获得的奖励额度无法提现，只能用来升级版本，在完成内部消化的同时，也促使用户享受更多的功能和更好的服务。"由俭入奢易，由奢入俭难"，以此增加用户继续订阅高版本的可能性，如图 15-19 所示。

图 15-19　Notion 奖励用户操作

15.3.3 集成服务

大多数企业级 SaaS 产品,旨在改善客户工作的特定方面或工作流程的特定部分。若我们能与其他应用程序集成,便能更好地融入客户业务的生态,与客户发展更为紧密的关系。

集成服务主要有 3 个方面的好处。

- ❑ 提高生产力:应用和信息之间的相互连接和沟通,可以有效避免客户打开多个应用,以及手动处理的麻烦,既简化了工作流程,也带来了优质的使用体验。
- ❑ 增加用户黏性:客户在一个地方可以完成更多的工作,为客户使用产品提供了更多的理由,既增加了活跃度,又降低了流失风险。
- ❑ 扩展市场潜力:当与知名产品集成时,可以有机会曝光给更多潜在客户,带来更多的流量并提升产品的知名度。

我们的产品应该支持其他产品的集成,并积极围绕客户的业务创建生态联盟。生态系统越好,我们的产品就会越强大,且竞争对手难以复制,这不仅会为我们带来更多的商机,也为我们带来更大的竞争优势。

播客分析和托管应用 Castos 除了提供播客服务,还提供了 WordPress 集成和自动发布到 YouTube 的服务,既增加了客户黏性,也很好地与其他竞争对手区分开来,如图 15-20 所示。

15.3.4 向上销售

向上销售是 SaaS 扩展账户的一种形式,通过向现有的客户销售更贵的服务或附加功能,在不创建新产品的情况下,为 SaaS 厂商带来更多的收入。向上销售虽然表面上看是交易,会增加客户支出，但底层支撑是向客户交付了更好的产品和服务。只有客户意识到产品拥有更大的价值，他们才会愿意支付更多的费用。

图 15-20　Castos 提供 WordPress 集成服务

与此同时，使用了更高的版本带来了更多价值，促使客户更好地使用产品，追加销售不仅能增加收入，也影响着客户留存。

云存储和协同应用 Dropbox 提供了 ToC 和 ToB 套餐，通过存储空间、用户量限制和提供更多功能，随着用户的使用量逐渐达到当前套餐边界，引导用户进行升级，以享受更多的存储空间、功能和服务，如图 15-21 所示。

沟通协作应用 Slack 采用了免费增值的服务模式，其中免费版虽然成员数量不受限制，但仅可查看和搜索最近的 10 000 条消息。因为人员不限，自然邀请的团队成员也就越多，日常沟通中使用频率也就越高，致使应用很快就会到达限制。当有成员搜索过往的历史记录超过 10 000 条时，就有可能升级到付费版本，如图 15-22 所示。

	个人		Business		
	Plus 适用于个人 立即购买	Family 家庭专用 立即购买	Professional 适用于个人 免费试用 或者立即购买	Standard 面向小型团队 免费试用 或者立即购买	Advanced 面向大型团队 免费试用 或者立即购买
Dropbox 核心功能					
存储	2TB (2,000GB)	共享 2TB (2,000GB)	3TB (3,000GB)	5TB (5,000GB)	所需足够空间
用户	1 位用户	最多 6 位用户	1 位用户	3+ 位用户	3+ 位用户
一流的同步技术	✔	✔	✔	✔	✔
随时随地访问	✔	✔	✔	✔	✔
电脑备份	✔	✔	✔	✔	✔
轻松安全共享	✔	✔	✔	✔	✔
256 位 AES 和 SSL/TLS 加密	✔	✔	✔	✔	✔

图 15-21　Dropbox 套餐

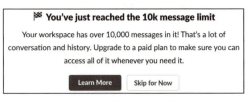

图 15-22　Slack 免费套餐限制

15.4　用得广：更多产品方案和参与角色

如果说用得深是纵向的考量，那么用得广就是横向的看待。它们就像纱线，横竖交错，紧密包裹着客户。

用得广一般是指以下两个方面。

- 客户订阅的产品广：向客户推荐其他产品或服务，以此获得更多的收益。客户获得的价值越多，长期采用和参与的可能性也就越大。
- 使用角色和数量多：从产品中获得价值的角色和人员越多，客户与产品的关系也就越紧密，获得的支持也就越广泛。

15.4.1 交叉销售

交叉销售指客户除了订阅当前的产品，还订阅了其他产品，即向客户提供更为全面的解决方案。通过了解客户业务所面临的障碍，为其提供完整的解决方案。在帮助客户取得业务成功的同时，也最大化地变现了客户价值，以此获得更多收入。

交叉销售对留存的意义，主要可以归纳为以下 4 点。

- ❑ 成为伙伴关系：我们解决的客户问题越多，对客户的业务价值也就越高，从而成为他们不可或缺的业务伙伴。
- ❑ 提升竞争力：全面的解决方案比单一产品更有吸引力，且可以有效防止客户流向竞争对手。
- ❑ 增加黏性：增加订阅客户数量的同时，也让客户更多的业务部门参与了进来，使得业务与产品绑定更加紧密。
- ❑ 提高满意度：当这些产品无缝集成在一起时，既有效地满足了客户的需求，也提高了他们的工作效率。

创意应用服务商 Adobe 旗下 Photoshop、Illustrator、After Effects 的每月订阅价格均为 20.99 美元，二十多种应用的绑定月费仅为 52.99 美元。可见 Adobe 通过更具性价比的绑定套餐，来吸引客户购买更多的产品，如图 15-23 所示。

Adobe 在订单页面会推荐其他产品，并使用"经常购买的"和"1 个月免费试用"的文案内容来引导客户添加产品到购物车，实现交叉销售，如图 15-24 所示。

营销、销售和服务应用 HubSpot 除了提供免费的客户管理系统（CRM）和工具外，还提供用于营销、销售、服务和内容管理系统（CMS）的产品，如图 15-25 所示。显然，HubSpot 希望客户在使用 A 产品的时候，也会考虑使用 B 产品，而不是去其他厂商那里购买服务。

第四部分 SaaS 留存

图 15-23　Adobe Creative Cloud 的个人套餐

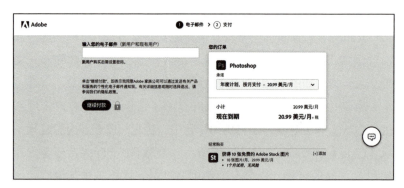

图 15-24　Adobe 订单的叠加引导

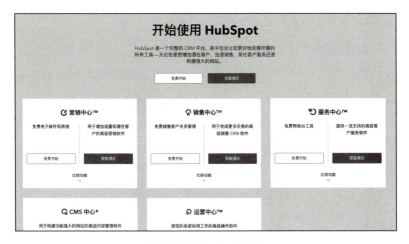

图 15-25　HubSpot 产品

在 HubSpot 应用内,如果用户点击到未开通的产品或功能,HubSpot 会用一整页进行介绍,并鼓励用户试用,如图 15-26 所示。

图 15-26　HubSpot 未开通的功能介绍

15.4.2 邀请同事加入

对于很多企业级 SaaS 产品而言，使用对象通常不是个人用户，而是整个团队甚至公司。SaaS 的成功，可以说是取决于多数使用者的使用情况。

在产品内人与人的协作，会不断构建出适合于他们的工作模式，如果改变一个人的习惯是容易的，那么改变整个团队的工作习惯则是无比困难的。参与的成员多，既可以有效地将产品的方方面面使用起来，也可以让产品更好地融入客户的业务。

办公协同应用企业微信通过红包来激励管理员和已入成员邀请新成员，已加入的成员会收到"邀请奖励"的提醒，从而推动整个公司的成员下载、注册并使用企业微信，如图 15-27 所示。

图 15-27　企业微信激励邀请

项目管理应用 Asana 在注册阶段的最后一步，会引导用户邀请其他成员。对于计划、跟踪和管理项目的应用而言，只有更多的人参与到项目中，才能更好地释放它的力量，如图 15-28 所示。

图 15-28　添加团队成员

15.5　本章小结

本章在留存的产品策略方面，我们从用得值、用得顺、用得深和用得广 4 个维度进行了阐述。

- ❏ 用得值，基于产品价值，不断围绕客户的业务诉求，对产品进行迭代和优化。
- ❏ 用得顺，基于客户体验，不断降低客户的学习和使用难度，让他们轻松上手并使用产品。
- ❏ 用得深，基于客户成长，持续地教育和引导客户深入使用产品，获得更多的产品价值。
- ❏ 用得广，基于客户价值，提供整套解决方案，全面绑定客户业务。

第 16 章 CHAPTER

采用模型和阶梯

留存的 4 个产品策略分别对应了产品的价值、使用体验、使用深度和参与广度。这些都是相对静态的、独立的,我们需要一个模型,将这些策略串联并运作起来。如果 SaaS 产品是一款游戏,作为产品设计师的我们,需要规划剧情的发展,引导用户不断成长,帮助他们在业务上取得更大的成就。

本章我们将具体了解采用以及消除价值差距的意义。

16.1 采用的意义

SaaS 厂商一直都有向使用者证明产品价值的压力。通常我们会向产品增加越来越多的功能和模块。虽然每一个功能都有增加产品价值的可能,但它们若没有被客户发现和使用,这个价值对客户而言就是不存在的。

只有有效地推动用户采用,才能将产品或功能的价值传递给他们,促使他们持续使用,并付费订阅。

16.2 采用模型

在 SaaS 中,我们可以将成功采用定义为推动用户使用产品或功能以实现业务目标。

那么,我们就从这个过程入手。

问:用户为什么要采用呢?

答:有价值、会使用且符合客户当下诉求。

问:那用户采用之前是什么呢?

答:自然是发现和知道这个产品或功能的存在。

基于这样的推导,我们就能获得了图 16-1 所示的采用逻辑。

图 16-1　反向推演采用逻辑

我们对图 16-1 中的各个点以及它们之间的关系进行提取和归纳,便可得到对象、功能、信号和渠道这 4 个要素,如图 16-2 所示。

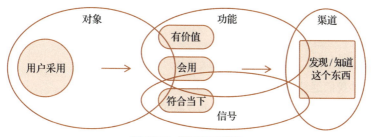

图 16-2　提取采用要素

对这 4 个要素进行连接，搭建采用模型，如图 16-3 所示。

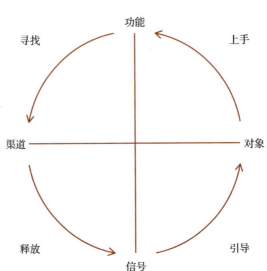

图 16-3　搭建采用模型

我们具体来看这 4 种要素。
- 功能。在程度上可以分为基础功能、高级功能或新功能。
- 渠道。
  - 产品内，即自身，只是大小或范围不同。例如产品 A、产品 B，产品 A 又可以分为模块 A、模块 B 等。
  - 产品外，如微信、短信、邮箱等外部通道。
- 信号，导览、弹框、热点、空状态、清单等引导行动的模式。
- 对象，可以基于角色或特征进行划分。

我们继续看要素之间的关系。
- 功能和渠道之间是寻找，即我们需要找到对当前功能而言低投入、高触达、短路径的渠道。

- 渠道和信号之间是释放，我们需要根据渠道的特性和内容释放信号。
- 信号和对象之间是引导，信号应该是易被察觉、有吸引力且行动明确的。
- 对象和功能之间是上手，功能对当前对象而言应该是具有高吸引力且操作成本相对较低的，只有这样用户才更有可能上手使用。

综上所述，我们要为产品或功能找到某一适合的渠道，在特定条件下释放信号，引导用户进入功能区域，由于价值明确、易上手，用户最终成功采用该功能。

有效运用采用模型，可以让我们在设计方案时可以考虑得更加完善。例如发布一个新功能，我们可以优先选择产品内渠道，因为使用中的客户看到新功能后可以立即采取行动。在信号方面，我们可以使用脉动或者图标等方式引起客户的注意和兴趣，告知客户功能的价值，并提供教育指导，促使客户能够使用起来，如图16-4所示。

图16-4 新功能发布

对象方面，我们可以考虑得更加全面。例如新功能是否涉及权限问题，对于没有权限的用户就没必要打扰了。新功能如果在高级套餐中，我们需要告知客户升级的理由，例如该功能和产品内的其他功能有关联性。

渠道方面，除了产品内渠道，还有产品外渠道，例如微信公众号、邮件和短信等，相比于产品内渠道，产品外渠道还可以通知到非活跃的客户，吸引他们回到产品中继续使用。

16.3 采用阶梯

SaaS 厂商当然不想让客户一直停留在初级的状态，因为这样会存在流失的风险，所以我们需要不断推动客户从新手成长为中间用户，最后成为专家。

SaaS 产品的采用之旅就像爬楼梯一样，如图 16-5 所示。一个设计良好的采用阶梯，既要向客户提供持续的价值，也要能够在每个台阶促使客户养成使用习惯，并且每一个台阶，即产品的功能，都与产品交付的核心价值密切相关。

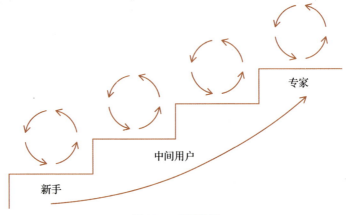

图 16-5 采用阶梯

原 Twitter 产品经理 Josh Elman 曾分享他为 Twitter 用户搭建的成长阶梯，如图 16-6 所示。最初的采用阶段主要关注前 4 个台阶（了解和消费），随着时间的推移，鼓励用户尝试第 5 个台阶（参与和生产），并最终吸引自己的追随者（积累社交资本），用户就这样从新手逐渐成长为产品的忠实使用者和传播者。

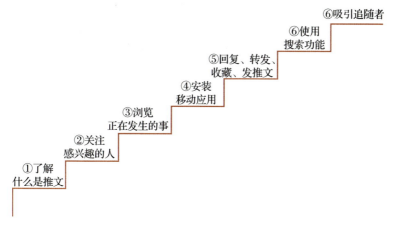

图 16-6　Twitter 用户的成长阶梯

如果我们不知道如何搭建采用阶梯，可以从以下两个方向入手。

- 对产品各个功能的价值范围进行划分。
- 跟踪并统计所有功能的客户使用数据。

将价值范围按照从低到高，使用量按照从多到少进行排列，结合最佳客户的使用行为，规划产品采用阶梯的每一个台阶。当然，并不是所有的客户都需要到达最高层，我们的目标是客户在每一个台阶上都能持续地获取到产品价值。

以云笔记应用为例，产品的初始价值是记录东西，使用者在最初的使用中就能获得价值。在下一个采用循环中，引导用户创建知识库或文件夹，来更好地组织和划分记录的内容。继续引导用户搭建团队和小组，并邀请其他人员进行协作和讨论。就这样，从最初的记录到搭建个人知识库再到协作和分享，用户逐渐成为资深的使用者，并最终推荐其他人使用。

采用阶梯也是消除价值差距的有效手段。在 SaaS 中，产生价值差距通常是因为客户未能与产品最为重要的功能完成互动，致使客户预期的价值与感知到的价值之间有落差，产品价值与客户体验到的价值之间的差距会将客户推向流失，如图 16-7 所示。

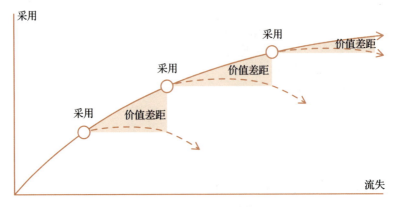

图 16-7　采用消除价值差距

我们应注意引导客户使用关键功能来获取产品价值，并促使客户建立使用习惯。随着时间的推移，不断引导客户踏上更高的阶梯，并获取更多的产品价值。由于每一个台阶都在为客户创造价值，因此产品最终成为客户工作和生活中不可分割的组成部分，这就是我们规划产品采用阶梯的意义。

16.4　本章小结

搭建采用模型，让我们可以更加清晰和有效地规划推动用户采用的方案。此外，从更为长远的角度看，为产品规划采用阶梯，可以促进客户从新手成长为熟练使用产品的专家。

附 录

怕什么真理无穷,进一寸有一寸的欢喜。

——胡适

现在,我们已经完成了 SaaS 通识、获客、上手和留存 4 个模块的学习。附录罗列了 SaaS 相关的常见问题和资料,供读者参考。

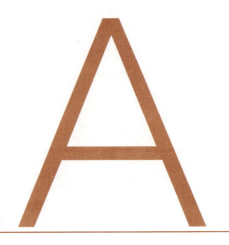

附录 A | APPENDIX

SaaS 问答

从事 SaaS 越久，我就越觉得它是一个庞大的领域，有太多需要了解的知识。这激励着我不断地学习和深入探究，并将自己的理解运用于实际工作中，在实践中加深理解和掌握要点。同时，我也在内心不断告诫自己，常怀空杯心态，保持敬畏之心，多梳理，多总结，多交流，多沟通，保持进步。毕竟，从事自己所爱之事，已是荣幸之至。

我将日常工作中收到的一些咨询进行了整理，希望对读者有所帮助，回答若有不妥之处，望见谅。

SaaS 基础

1. ToB 和 SaaS 两者的关系和区别是什么

ToB 是相对于 ToC 而言的，通常指针对企业的应用。SaaS 可以为个体服务,也可以为企业服务,或者两者皆有。我们通常会听到企业级 SaaS 的说法,指的就是该厂商服务的对象主要(或全部)是企业客户(ToB)。ToB 和 SaaS 的关系如图 A-1 所示。

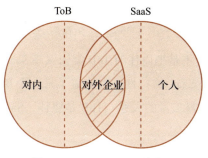

图 A-1 ToB 和 SaaS 的关系

2. ToB 业务可以细分为哪几类呢

除去行业和领域,就 ToB 业务而言可以分为以下 3 类。
- 内部支撑业务。
- 外部项目。
- 企业级 SaaS。

3. SaaS 的正确写法是什么

SaaS 是 Software as a Service 的缩写,saas、Saas、SAAS 均是不严谨的写法。

对于从事该行业的人来讲,保持用词严谨是非常有必要的。就像从事苹果应用开发的人员,若将 iOS 写成 ios 和 IOS,多少也会给人留下不专业的印象。

4. SaaS 是基于 Web 的应用吗

在有关 SaaS 的描述中,我们可能会看到这样的定义:SaaS 是

| 附　录 |

基于 Web 的网络应用程序。放到今天来看，这个定义并不严谨。

SaaS 并不局限于通过 Web 或客户端（PC 或移动）来提供服务，比如我们使用的一些 IM 和云笔记应用就提供了多种访问方式。

5. 学习企业级 SaaS 是不是关注 ToB 类知识就可以

企业级 SaaS 不是把以往的 ToB 类知识往 SaaS 里套就可以的。这样不仅忽略了 SaaS 的特性，也掩盖了另一个知识体系的存在。用一个比喻来形容二者的关系：ToB 是躯体，SaaS 就是这具躯体的心脏。

SaaS 业务

1. 企业级 SaaS 和 ToC 的设计区别是什么

在互联网行业，常会见到有关 ToB 与 ToC 区别的描述。如果单从特征层面举例描述两者的区别，其实有些片面，甚至会得出一些错误的结论。对于复杂多面的事物，我们需要从本质出发，对于 SaaS 而言，即从对象出发。对象的区别就是产品的区别，就是设计的区别。

例如在企业级 SaaS 中常常将客户划分为 3 种对象：决策者、管理者和使用者。使用者又可以按具体的职能进行细分，例如运营、销售、客服等。本质而言都是基于对象进行的思考。

2. 对于 SaaS 产品设计可以从哪些角度入手

经典的产品生命周期模型将产品划分为 4 个阶段——进入期、成长期、成熟期、衰退期。对于 SaaS 产品而言，我们更多的是从客户的角度出发，也就是基于客户的生命周期来进行思考。客户生命周期可以分为 4 个阶段——获取、采用、留存和扩展，如图 A-2 所示。对于 SaaS 产品设计而言，我们可以从这 4 个阶段入手、打磨和优化。

图 A-2　客户生命周期

我们也可以从价值创造和价值交付的角度入手进行产品设计。价值创造包括产品开发、运营与支持、专业服务、销售与营销。价值交付包括评估与采购、部署与培训、维护与管理、产品使用。

这些模块是我们在进行 SaaS 产品设计时可以深入挖掘的点，如图 A-3 所示。

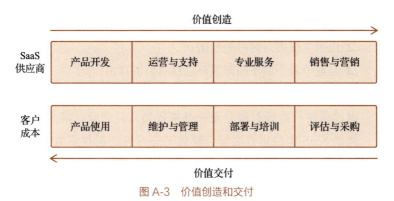

图 A-3　价值创造和交付

3. SaaS 如何在红海领域突围

产品的竞争优势可以从波特模型的 3 个战略方向进行思考，如图 A-4 所示。

| 附　录 |

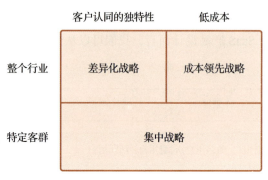

图 A-4　竞争优势的战略方向分析

（1）成本领先战略：价格优势
- 降本增效：通过降低生产和服务成本，让利于客户，从而获得竞争中的价格优势。
- 高性价比：提供的价值大于收取的费用，这个费用相比于价值是低的，而不是数值意义上的低。

（2）差异化战略：独特价值
- 价值主张即对客户的承诺。
- 与竞争对手的不同即客户选择我们的理由。

（3）集中战略：利基市场

通过深耕行业或打造专业壁垒来提高入局门槛，减少竞争压力。例如 SaaS 中的垂直类型，聚焦某一行业，提供更有针对性、更贴近业务的服务。

4. SaaS 如何做增长

简单来讲，增长的方式就是开源、节流、高转、长留、交叉、向上。

- 开源：不断获得新的、高质量的线索。
- 节流：降低获客成本和留存成本。

❑ 高转：让产品便于评估、简化购买流程、降低上手难度，以提高转化率。
❑ 长留：制定留存策略，延长客户生命周期。
❑ 交叉：销售更多产品和服务。
❑ 向上：提升客户套餐资金消化。

5. SaaS 的收入扩展可以从哪些方面下手

在 SaaS 中，扩展收入主要从向上销售和交叉销售两个方面进行考虑。

向上销售可以从用户（坐席）、功能（或服务）和使用量（存储量、调用次数等）3 个维度来搭建套餐，实现客户价值的最大化，如图 A-5 所示。

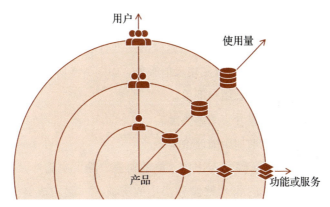

图 A-5　向上销售的 3 个维度

交叉销售是通过构建或代理上下游产品或服务以及基于客户诉求提供新的解决方案来增加营收。例如，从原来仅有人工解决方案，到新增智能化的方案；从只提供在线接待工具，到新增上游营销应用、下游客户管理应用，如图 A-6 所示。

| 附　录 |

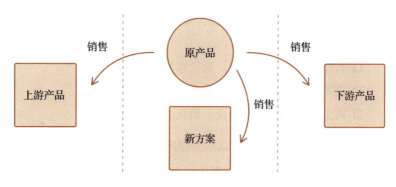

图 A-6　交叉销售更多产品

交叉销售也可以围绕当前的产品方案，提供叠加功能（非套餐内）或者微服务。例如短信通知、呼叫服务、API 调用等。

下面的案例来自一次业务咨询。客户提出的问题是如何为电商平台的智能机器人做增值服务。

我们可以先从客户购物的流程出发进行思考，然后将重要的环节产品化或服务化，以实现增值服务，如图 A-7 所示。

❑ 决策中：推动用户下单。
❑ 下单后：提升交叉销售量。
❑ 收货后：增加店铺评价率。

如果我们把套餐收入比作入海的河流，除了主流外，叠加增值功能或微服务的收入就像各个小的支流，一起构成整个 SaaS 的收入。我个人将其称为 SaaS 收入的"长江流域"，如图 A-8 所示。

6. 如何从不同客户身上提炼共同需求

记得刚开始做 SaaS 产品时，我会遇到难以判断做还是不做的情况。公司 CEO 告诉我：当你判断不了时，就向客户收费，客户愿意掏钱,这个需求就是"真"需求,就可以做。

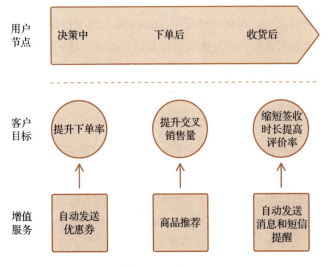

图 A-7 基于角色旅程的增值服务

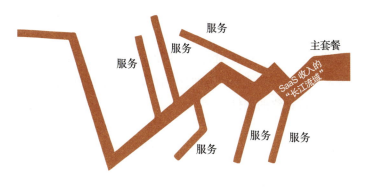

图 A-8 SaaS 收入的"长江流域"

一段时间后,我再去理解这段话,认为这只是判断做还是不做的一部分条件。客户愿意掏钱只能作为判断需求真伪的依据,另

| 附　录

一部分条件是能否将"真"的需求做到"通用"。

客户的业务需求和内部管理方式千奇百怪，这也是国内 SaaS 难做的原因之一。在很多情况下，SaaS 满足的不仅仅是业务问题，还有背后隐藏着的公司及团队管理和运作需求。我们不要被蒙着面纱的客户需求所迷惑，客户指哪我们打哪，这是下策。追寻目的然后将其满足，对 SaaS 来说是更好的思考和处理方式。从目的出发，就是对需求的提炼。

7. 如何将流程和规则复杂的业务设计得简单实用

业务即基于目标的多个角色之间的事务关系。目标有大小，每个人的目标也不一样。只有厘清参与业务的人物扮演的角色以及这些角色之间的关系，才会让原本看上去复杂的业务变得清晰。

我们再来看一看设计。设计即处理关系的手段，达成目标的策略。在设计领域，我们会用到信息架构、交互策略、格式塔原理、形式美法则等，它们都用于处理人与信息、信息与信息之间的关系，再通过应用心理学、行为模型、故事框架等来促成目标的实现。

总的来说，我们需要对自己要做的产品或功能尽可能地拆解，并从要素、连接、功能或目标的视角出发，基于对象采取有效的设计手段并完成最终的交付。

SaaS 人

1. 产品经理感觉一直被销售牵着鼻子走

一般而言，SaaS 公司可以分为销售主导型和产品主导型两种，这主要由公司的发展阶段、服务对象和获客方式综合决定。不管怎样，我们要坚信团队作战是最好的工作方式，通过组合不同职位的能力和优势来共同赢得客户。

产品经理作为组织中的一个节点，其本身的价值就需要通过其他岗位的支持来释放。当然，被销售牵着鼻子走，间接地说明了产品经理离客户的距离有点远，产品经理的站位太靠后。解决这个问题首先要在思想上打破岗位孤岛，拉动销售、设计和开发共同战斗。产品经理要经常亲临现场，要贴近客户。

2. SaaS 的设计作品集怎么做

SaaS 的设计作品集和其他设计作品集没有本质的区别。设计思路大致为首先基于业务目标确定设计目标，梳理现状，找出问题或者机会点，然后提出有针对性的策略，呈现设计方案，最后上线并验证结果，如图 A-9 所示。

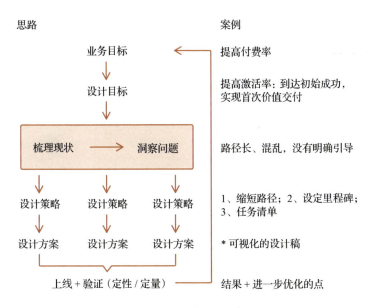

图 A-9　设计呈现思路

当我们面试 SaaS 公司，想要体现出在这个领域的专业性和经验优势时，业务或设计目标就要从 SaaS 阶段里去找，例如获取、激活、采用、留存、扩展、升级、推荐等，思考维度和解决方案要从 SaaS 业务出发。

附录 B | APPENDIX

企业级 SaaS 资源库

在做企业级 SaaS 产品时,懂客户和懂市场是实现产品可行性的两个要素,缺一不可。竞品研究是非常重要的,由于企业级 SaaS 行业的封闭性以及资源匮乏(相对于 ToC),很多从业者无法找到学习对象,因此深入研究和知识沉淀的难度很大。

下面列举获取企业级产品的主要方式。

- ❏ 搜索引擎
- ❏ 商业软件测评
- ❏ 新产品发布平台
- ❏ SaaS 网站集合
- ❏ 行业资源和研究报告
- ❏ 企业信息

| 附 录 |

1. 搜索引擎

作为企业级的产品厂商,大家都想被潜在客户发现,为此厂商会进行广告投放、SEO 优化和内容营销。

搜索引擎是个很得力的工具,在搜索框内输入产品名称、行业名词或通俗叫法等关键词,就能搜索出很多企业以及相关产品的信息。

2. 商业软件测评

商业软件测评网站将成千上万款企业级产品分门别类,还会显示产品评价、信息对比、领域排名等信息,可以说是找到相关产品最快、最全的方式。

G2 Crowd 是全球著名的企业软件测评平台,被称为软件领域的"大众点评",上面有超过 1000 万条真实的用户评价,在同类网站中影响力最大、权威性最高,如图 B-1 所示。

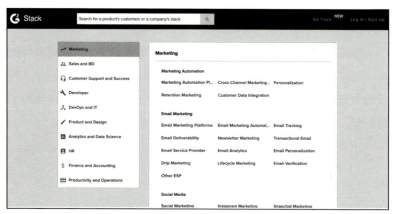

图 B-1　G2 查寻页面

类似的平台还有很多,如 Capterra、FinancesOnline、Software Advice、Crozdesk、Trust Radius、Gartner Peer Insights、SaaS Hub、Get App、SaaSGenius、Fit Small Business、TechnologyAdvice。

国内如找 SaaS、企业服务汇、T 媒体、SaaS 点评网,都是发现 SaaS 产品的好地方。

3. 新产品发布平台

很多公司和个人的产品都会发布到商业测评平台上,以求得到曝光的机会。

Product Hunt 是一个供用户分享和发现产品的网站。在该网站上我们可以搜索或直接查看某一款产品,点击进入后滑动鼠标到下方,便可以看到用户的评价,既可以帮助我们了解该产品的口碑,也能让我们获取其他用户对某类型产品的诉求和关注点。还有一点值得称赞的是,在页面右侧还会呈现同类竞品和相关主题,可以帮助我们找到同类型的产品,如图 B-2 所示。

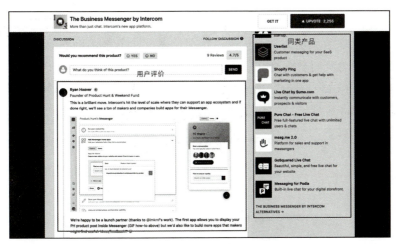

图 B-2　Product Hunt 页面

BetaList 是一个供互联网创业公司进行产品曝光的平台。网站对已经上架的产品进行分类,通过查看分类,可以快速地找到相关产品,如图 B-3 所示。

| 附　录 |

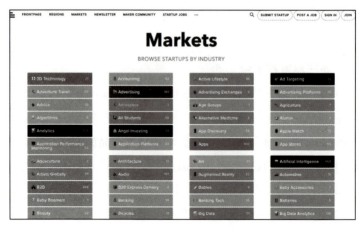

图 B-3　BetaList 页面

4. SaaS 网站集合

下面介绍的网站集合了优秀的 SaaS 网站设计，并提供页面分类，是非常不错的学习资源，特别是在设计企业级 SaaS 网站时，可以成为我们参考和借鉴的对象。SaaS landing page、Look at that SaaS、Landingfolio、Pageflows 等罗列了大量的优秀 SaaS 网站，如图 B-4 所示。

图 B-4　SaaS landing page 页面

5. 行业资源和研究报告

我在工作中收集了一些企业级产品的行业资源，下面与读者分享。

G2 从 2019 年开始，根据网站的数据选出年度最佳软件公司和产品，如图 B-5 所示。

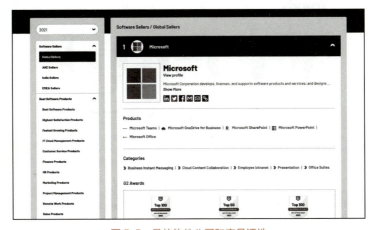

图 B-5　最佳软件公司和产品评选

Latka 提供了几万家 SaaS 公司的数据状况，如图 B-6 所示。

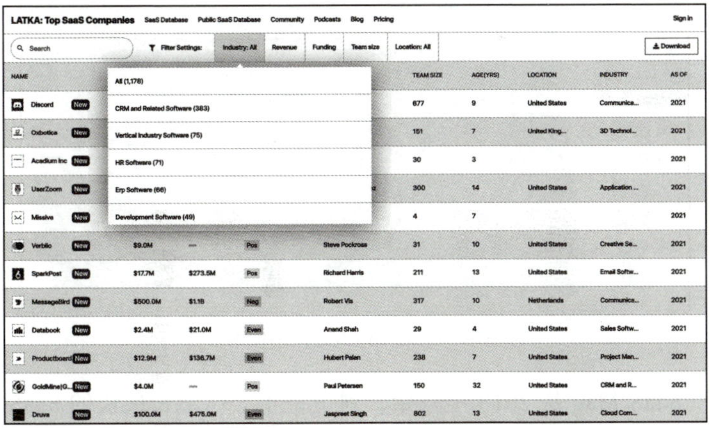

图 B-6　SaaS 企业数据库

| 附　录

Blissfully 从 2017 年开始，每年会发布一份 SaaS 研究和趋势报告，如图 B-7 所示。

图 B-7　Blissfully SaaS 年度趋势报告

Chiefmartec 从 2011 年开始，每年更新营销技术领域的厂商信息，如图 B-8 所示。

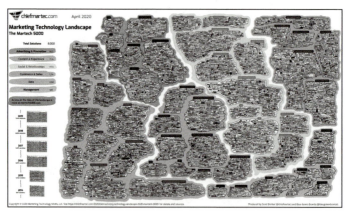

图 B-8　Chiefmartec 营销技术版图

SaaS Mag 从 2018 年开始，列举每年全球增长最快的 SaaS 公司，并给出前 1000 名的排名，图 B-9 所示。

附录 B　企业级 SaaS 资源库

Ranking	Company Name	City	State	Employees	6 Month Growth (%)	Accelerator/Investor
1	Practice Ignition	Sydney	NSW	93	86.00	Equity VP
2	2Checkout		Atlanta, GA	450	69.17	
3	CodeSignal	San Francisco	California	126	75.00	
4	NICE Satmetrix	Redwood City	CA	254	70.47	Sutter Hill/Stanford
5	Bitnami	San Francisco	CA	72	67.44	
6	SketchUp	Boulder	CO	200	66.67	
7	Livestorm	Paris	FRA	30	66.67	
8	Sendoso	San Francisco	CA	242	56.13	
9	eloomi	S		88	54.39	
10	ReviewTrackers	Chicago	IL	97	53.97	American Family/CSA
11	Crelate Talent	Bethesda	MD	41	51.85	
12	TravelPerk	Barcelona	SPA	469	51.29	Spark/LocalGlobe
13	CleverTap	Sunnyvale	CA	251	48.52	
14	TrackMaven	Washington	DC	75	47.06	
15	Personio	Munich	Bavaria	380	46.72	
16	Mobiniti	Wilkes-Barre	PA	35	45.83	
17	Whatfix	Sunnyvale	CA	237	42.77	Stellaris/Helion
18	BugSnag	San Francisco	CA	57	42.50	
19	GitLab	San Francisco	CA	1161	42.11	

图 B-9　年度增长最快的 SaaS 公司评选

Bessemer Venture Partners 发布云服务的基准报告、市场分析和趋势预测等内容，如图 B-10 所示。

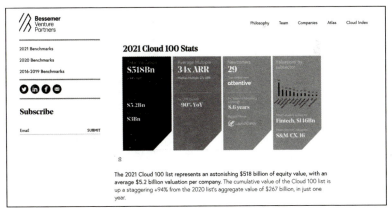

图 B-10　云基准报告

SaaS Capital 发布 B2B SaaS 公司的专有研究和基准数据，如图 B-11 所示。

图 B-11　SaaS 研究报告和基准数据

Mike Sonders 每年发布全美 SaaS 公司市值排名前 50 的名单，如图 B-12 所示。

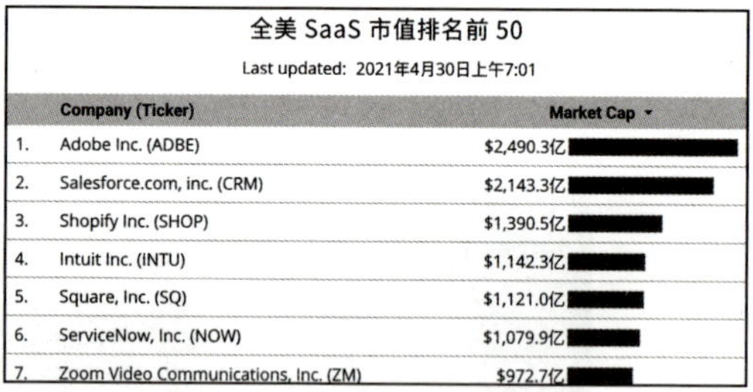

图 B-12　全美 SaaS 公司市值排名

Recurly Research 发布有关订阅业务的趋势和基准报告，如图 B-13 所示。

Winning by Design 日常发布关于 SaaS 销售、客户成功、增长方面的文章，如图 B-14 所示。

附录 B　企业级 SaaS 资源库

图 B-13　订阅业务趋势报告

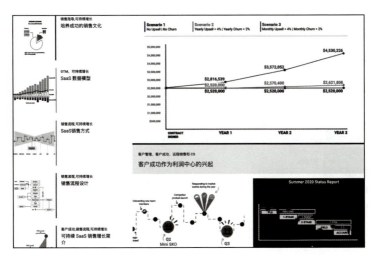

图 B-14　SaaS 研究和文章

此外，在国内登录艾瑞网、发现报告、199IT、坚果投研等网站，搜索 SaaS、云计算等关键词，可以获取很多 SaaS 相关报告和专题。

6. 企业信息

我们使用企查查、天眼查等应用可以很方便地获取企业的工商信息、核心成员、融资历程、竞品信息等内容，如图 B-15 所示。

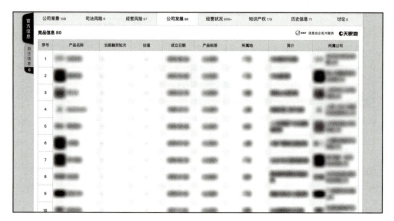

图 B-15　企查查查询结果页面

国外公司可以通过 crunchbase 进行检索，其中包含创始人、关键雇员、财务状况、收购新闻以及其他重要事件等信息，如图 B-16 所示。

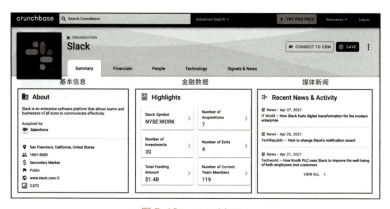

图 B-16　crunchbase

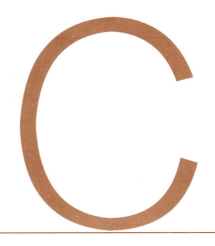

附录 C APPENDIX

SaaS 常用术语

术语浓缩了某一特定领域的概念和知识,为领域内实现快速沟通和有效交流打下了语言基础。慢慢地,术语成了初学者的一道门槛。反过来看,加强对术语的了解和掌握,我们可以更快地进入该领域。

1. 岗位

SaaS 行业常见的岗位名称如表 C-1 所示。

表 C-1　SaaS 常见岗位

全　称	简　称	岗　位
Marketing Development Representative	MDR	市场开发代表
Sales Development Representative	SDR	销售开发代表
Business Development Representative	BDR	业务开发代表

(续)

全 称	简 称	岗 位
Account Executive	AE	销售经理
Field Account Executive	FAE	区域销售经理
Account Manager	AM	客户经理
Sales Engineer	SE	销售工程师
Customer Success Manager	CSM	客户成功经理
Product Manager	PM	产品经理

2. 指标

收入、留存、流失等常见指标如表 C-2 所示。

表 C-2　SaaS 常用指标

行业用语	简 称	指 标
Monthly Recurring Revenue	MRR	每月经常性收入
Net New MRR	—	净 MRR
MRR Growth Rate	—	MRR 增长率
MRR Retention Rate	—	MRR 留存率
Annual Recurring Revenue	ARR	年度经常性收入
Average Revenue Per Account	APRA	每个账户的平均收入
Bookings	—	合同金额
Annual Contract Value	ACV	年度合同价值
Total Contract Value	TCV	总合约价值
Customer Lifetime Value	LTV	客户生命周期价值
Average Selling Price	ASP	平均售价
Customer Acquisition Cost	CAC	客户获取成本
CAC Payback Period	—	获客投资回收期
LTV : CAC	—	单位经济效益
Customer Retention Cost	CRC	客户留存成本

(续)

行业用语	简称	指标
Churn	—	流失
Customer Churn	—	客户流失
Revenue Churn	—	收入流失
Negative Churn	—	负流失
Average Customer Life	ACL	平均客户寿命
Cost of Goods Sold	COGS	销售成本
Gross Margin	—	毛利率
Daily Active Users	DAU	每日活跃用户
Monthly Active Users	MAU	每月活跃用户
Click Through Rate	CTR	点击率
Conversion Ratio	CR	转化率
Cost Per Click	CPC	每次点击费用
Cost Per Impression	CPI	每次展示费用
Return On Investment	ROI	投资回报率

3. 产品及设计

产品经理和设计人员常用的术语如表 C-3 所示。

表 C-3　SaaS 产品及设计常用术语

全称	简称	术语
Go To Market Strategy	GTM Strategy	进入市场策略
Product/Market Fit	PMF	产品市场契合
Unique Value Proposition	UVP	独特价值主张
North Star Metric	—	北极星指标
Leading indicator	—	先行指标
Lagging indicator	—	滞后指标
Minimum Viable Product	MVP	最低可行产品

(续)

全 称	简 称	术 语
Cohorts	—	群组
Critical Event	—	关键事件
Value Exchange	—	价值交换
Customer eXperience	CX	客户体验
Customer Journey	—	客户旅程
The Value Gap	—	价值差距
Call To Action	CTA	呼吁行动
Social Identity	—	社会认同
Triggers	—	触发
Aha Moment	—	灵机一动时刻
Time To Value	TTV	价值实现时间
Time To First Value	TTFV	首次价值实现时间
First Value Delivery	FVD	首次价值交付
Net Promoter Score	NPS	净推荐值
Customer SATisfaction score	CSAT	客户满意度得分
Stickiness	—	黏性

4. 模式

获客策略和销售增长等相关术语，如表 C-4 所示。

表 C-4 SaaS 获客、销售和主导类型

全 称	术 语
Free Trial	免费试用
Freemium	免费增值
Up Sell	向上销售
Cross Sell	交叉销售
Sales Led	销售主导
Product Led	产品主导

5. 阶段

SaaS 常见阶段类型，如表 C-5 所示。

表 C-5　SaaS 阶段

全　称	阶　段
Awareness	意识
Engagement	参与
Activation	激活
Conversion	转化
Onboarding	上手
Adoption	采用
Renewal	续订
Escalation	升级
Expansion	扩展
Referrals	推荐

6. 线索

线索划分的类型和叫法，如表 C-6 所示。

表 C-6　SaaS 线索分类

全　称	简　称	线　索
Marketing Qualified Leads	MQLs	营销合格线索
Sales Qualified Leads	SQLs	销售合格线索
Product Qualified Leads	PQLs	产品合格线索
Cold Leads	—	无意向销售线索
Warm Leads	—	中意向销售线索
Hot Leads	—	高意向销售线索

7. 客户规模

目标客户规模的划分，如表 C-7 所示

表 C-7　SaaS 客户规模

全　称	简　称	规　模
Enterprise	—	大型企业
Small and Medium-sized Enterprises	SME	中小企业
Prosumer	—	专业用户

注：中小企业（SME）又可以具体分为中型（Medium-sized）、小型（Small）和微型（Micro）。